장학사의 모든 것

홍섭근

교육자치의 시작과 함께 교육청 정책부서 파견을 출발점으로 교육청 생활과 교육정책에 입문하였다. 교육정책 전공으로 박사학위를 받았고 경기도교육청 장학사 시험에 합격했다. 공무원 연금개혁, 교육자치의 시작, 교권에 대한 시각 변화, 학령인구 급감, 고3 교원 양성과정 기피 현상, 시·도교육청 간 교육 환경의 간극, 코로나19 이후의 교육격차 증가 등 급변하는 시기의 교직 현실을 체감하면서 관련 연구에 다수 참여했다. 다양한 기관에서 교육정책 기획과 제도 개선에 역할을 하였고 100개 이상의 관련 TF에 참여하였다. 장학사가 된 후 경기도교육청 정책기획관실에서 정책기획·조정 역할을 하였으며, 학교정책과에서 학교혁신 업무를 담당하였다. 경기도교육연구원 연구위원으로서 정책 연구를 수행하였으며 현재는 용인교육지원청에 있다.

다수의 교육 저서와 논문, 칼럼 등을 저술하였으며 국회, 교육부, 연구기관 등에서 교육정책 자문 역할을 병행하고 있다. 또한 개인의 교육 경험을 공유하고 후배들의 성장을 돕기 위해 전공 강의를 하고 있다. 단국대학교 교육대학원에서 예비 교사 교육 강의를 하고 있으며 교육정책디자인연구소에서도 후배들의 성장을 지원하고 있다. (이메일: knonoa@hanmail.net)

초판 발행 2023년 3월 20일

지은이 홍섭근
펴낸이 이형세
펴낸곳 테크빌교육㈜
책임편집 이윤희 | **편집** 옥귀희 | **디자인** 어수미 | **제작** 제이오
테크빌교육 출판 서울시 강남구 언주로 551, 5층 | **전화** (02)3442-7783 (142)

ISBN 979-11-6346-169-2 03370
책값은 뒤 표지에 있습니다.

테크빌교육 채널에서 교육 정보와 다양한 영상 자료, 이벤트를 만나세요!

블로그 blog.naver.com/njoyschoolbooks
인스타그램 @tkvl_b
쌤동네 ssam.teacherville.co.kr

페이스북 facebook.com/teacherville
티처빌 teacherville.co.kr
티처몰 shop.teacherville.co.kr

장학사
시험 준비부터
일과 생활,
고민까지

장학사의
모든 것

홍섭근 지음

테크빌교육

여는 글

파견교사부터 장학사까지
교육청 생활 10년 차가 말하는
슬기로운 장학사 생활

장학사의 생활은 알려진 바가 거의 없다. 그래서 장학사가 되려는 이들이 충분한 정보를 얻지 못해 사교육 시장에 의존하거나 현직 장학사에게 개인적으로 정보를 얻으려 애써 찾아가기도 한다. 나에게도 장학사가 되고자 문의해오는 후배들이 있다. 교육청 생활 10년 동안 정말 많은 것들을 경험하고 배웠다. 그 경험과 배움을 바탕으로 후배 교사들에게 조언을 해주다 보니 어느새 상당한 정보와 자료가 쌓였다. 그래서 장학사가 되고자 하는 이들, 또 이제 막 장학사가 된 이들에게 도움을 주고자 이 책을 쓰게 되었다.

현재 시중에 나와 있는 장학사 관련 책이나 자료집은 개론 혹은 이론서적뿐이다. 그리고 논문들은 교수, 연구자 그룹들이 주도한 기계적인 분석이라서 장학사들의 일과 생활을 적나라하게 보여주지는 못한다.

나는 장학사와 연구자의 역할을 함께 하며 많은 논문과 연구에 참여했고, 덕분에 제도적, 정책적 기반에 대해 잘 알게 되었다. 또한 존경하는 스승들에게 많은 교훈과 깨달음을 얻어 장학사 직에서 나만의 기준을 세우고 조금씩 성장하고 있다고 생각한다. 때때로 "장학사가 되었는데 교사 때보다 오히려 퇴보한 것처럼 느낀다."고 토로하는 이들도 있는데, 내가 보기에 그 이유가 개인에게 있지는 않다. 그는 자신의 성장을 생각할 겨를도 없고 관행적 시스템의 영향으로 방향을 찾지 못한 채 헤매고 있을 뿐이다. 그래서 장학사의 길을 선택한 이들과도 시행착오와 경험을 나누며 미약하나마 도움이 되고 싶었다. 장학사가 되고자 하는 후배나 이제 막 장학사가 된 이들이 찾아오면 선배들에게 받은 것을 돌려주자는 생각으로 최선을 정보를 나누며 조언해주었다. 이러한 경험이 반복되는 동안 쌓인 이야기와 자료들을 모아 정리한 것이 바로 이 책이다.

이 책『장학사의 모든 것』은 장학사 시험 준비부터 장학사의 생활, 성장, 그리고 교직의 고민과 사명까지 장학사의 모든 것을 담고 있다. 모두 실제 경험과 현장 적용, 교육정책 연구를 바탕으로 하기에 장학사의 길을 고민하거나 준비하는 이들에게 도움이 될 것이라 믿는다. 교육정책 기획과 연구에 특화된 활동을 많이 해온 만큼 연구자로서의 시각과 분석 내용도 포함되었다. 특히 정책연구 과정에서 각종 설문 데이터를 축적하고, 질적연구를 통해 수많은 교육 관련 종사자들과 면담을 해온 경험은 나의 성장에 밑거름이 되었다. 나를 중심으로 생각하지 않고 제도와 정책을 중심으로 생각하는 엄격한 기준이 생겼다. 그렇게 10년 남짓 교육청 생활을 하며 타 시·도 교육청 및 여러 기관들과 교류를 통해 얻은 경험들이기에 혼자만 가지고 있기에는 아깝다는 생각이 들었다. 교육청 생활에서 알게 된 것, 배운 것, 생각한 것들을 정리하여 담았다. 또한 장학사를 준비하는 후배에게 전하는 메시지도 있다. 많은 교육계 종사자들의 성장을 돕는 책이 되기를 희망한다.

부끄럽지만 개인적으로 IMF 이후 대학 입시를 치른 터라 교직에 대해 충분히 고민하지 않은 채 대학에 갔다. 교사로서 학교 현장에서 근무하다 교육청에 오기까지 장학사의 길을 생각해본 적도 없었다. 장학사는 그저 낯선 직업이었고 교육청이 정확히 어떤 일을 하고 무슨 역할을 하는 곳인지도 몰랐다. 소위 아는 장학사 한 명 없었고 장학사 하면 학생 시절 추억 속에 '장학사 오는 날'을 위해 대청소를 했던 일이 떠오를 뿐이었다.

　그랬던 과거를 뒤로하고 행정가와 연구자의 길을 동시에 걷고 있는 지금, 힘들기도 하지만 만족한다. 돌아보면 삶은 우연의 연속이었으며 학사, 석사, 박사 과정이나 전공 선택도 충동적이었지만, 순간순간 나의 상황에 맞는 최선의 선택을 했던 것 같다. 결과적으로 모두 다 필연적이었다는 생각마저 든다. 종종 부족해서 실수하고 잘못하고 혼쭐나는 경험들을 했지만, 운 좋게도 주변에 훌륭한 스승과 선배, 동료가 많았다. 그들의 조언을 귀담아들으며 부족한 부분을 채우기 위해 노력했고 수없이 많은 실패와 좌절 속에서 교훈을 얻고 성장하였다. 많은 이들이 무모한 노력이라고, 그럴 필요까지는 없다고 했지만 묵묵히 노력하다 보니 성실성을 인정받게 되었고, 그 덕에 의미 있는 교육청 TF와 연구에 다수 참여할 수 있었다.

　우리 사회는 무엇이든 명망가를 추천하는 경향이 있다. 경험치와 내공이 최고조에 이른 사람들을 추천함으로써 그들과의 친분을 드러내면 자신의 평판에 도움이 될 것이라고 기대한다. 그러나 조직의 미래를 위해서는 명망가를 추천하기보다는 후배를 키우는 것이 더 중요하다. 다행히 학교와 경기도교육청에서 만난 선배들은 사람을 키우는 데 인색하지 않았다. 나와 같은 아마추어를 기꺼이 추천해주었다.

교육청 파견교사로 일할 때는 물론 장학사 초창기에는 스스로의 전문성이 부족하다 보니 교육청 생활이나 TF, 각종 회의에서 깨지고 깨져서 영혼까지 탈탈 털리기도 했다. 심지어 나를 추천한 선배들까지 먹지 않아도 될 욕을 먹게 만들었다. 이것은 나의 인생에서 배움을 일상화하는 계기가 되었다. 부끄럽게 살지 않으려면 공부해야 한다는 생각이 들었다. 좋은 기회는 선배들이 만들어줄 수 있지만, 그 기회를 살리는 것은 온전히 본인의 몫이다. 지나간 그 순간들을 생각하면 부끄러움과 희열이 동시에 올라온다. 아마 그때가 내 인생의 전환점이었을 것이다.

장학사 생활 첫해 나에게 조언을 아끼지 않았던 선배들은 대부분 교육청을 떠났지만, 여전히 공부하고 책을 읽고 글을 쓰고 논문을 쓰고 계신다. 특별한 목적이 없어 보였다. 명예나 승진에 대한 욕심도 아니었다. 한번은 왜 써먹지도 않을 글을 쓰고 연구를 하느냐고 물은 적이 있다. 그러자 '기록'의 중요성에 대해 언급하셨다. 시·도 교육청뿐 아니라 학계나 중앙정부에서도 인정받아야 제도화된다는 뜻이었다.

교육청 장학사들은 누구나 소신과 철학을 가지고 있지만, 글을 쓰고 공부하는 것은 일반화되어 있지 않다. 그렇다 보니 자칫 자신의 경험과 논리에만 침착하고 이해관계에서 벗어나지 못한다. 교육자치 이후 10년이 지났다. 그동안 많은 이들이 개혁을 주장했지만 꾸준히 연구하는 모습을 보여준 이는 소수에 불과했다. 심도 깊은 연구와 논문으로 학계에 주장을 알리는 역할을 한 이는 훨씬 더 적었다. 장학사는 전체 교직에서 0.5퍼센트 정도를 차지하고, 박사 학위를 가진 이는 교직에서 1퍼센트뿐이다. 교육청은 물론 교직 전반에 행정가이자 연구자로 활동하는 사람들이 늘어나 각자의 역량을 발휘하며 교육계 전반을 뒤흔드는 일이 많아지기를 바란다. 그 과정에서 나 또한 작게나마 역할을 할 수 있도록 노력할 것이다.

　변하지 않는 것은 어떤 상황이 와도 사라지지 않는 전문성이다. 결국 교육 분야의 전문성이 장학사의 존재 이유를 입증한다. 최고의 전문가라고 생각했던 장학사 선배들 중에는 교감, 교장으로 전직한 분들도 있지만, 교수나 연구자 등 아예 다른 길로 이직한 분들도 많다. 누군가가 나에게 언제 교직을 떠날 것인지 물으면 많은 생각이 든다. 지난 10년 동안 쉼 없이 달려오며 교육 발전을 위해 의미 있는 역할들을 묵묵히 해냈다고 생각한다. 또 많은 가르침을 주었던 선배들 덕분에 연구자이자 행정가인 지금의 내가 되었다고 생각한다.

아직도 많이 부족하지만 후배들에게 교육청 장학사로서의 경험담을 들려주고 방향을 제시해주는 선배이고 싶다. 이 책을 성장을 꿈꾸는 이들, 교육청에 대해 궁금한 이들, 장학사의 길을 고민하는 이들, 장학사를 이제 막 시작하는 이들이 읽었으면 한다. 그리고 동료 장학사들이 더욱 전문성을 갖추고 객관화된 데이터를 바탕으로 일하는 연구자로 성장하는 데도 도움이 되었으면 한다. 장학사의 의의와 역할이 어떠해야 하는가에 대한 고민을 통해 교육청의 역할과 문화를 교육자치와 시대 상황에 맞게 바꾸어갔으면 한다.

이 책을 읽는 모든 이들이 먼저 걸어간 이들의 부족함을 보완하여 더욱 발전적인 모습으로 더 나은 교육을 만들어가리라 기대해본다.

2023년 2월
홍섭근 드림

차 례
★ ★ ★

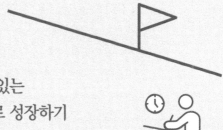

2장 전문성 있는 장학사로 성장하기

3장 교육부와 교육청을 고민에 빠뜨린 교육 이슈

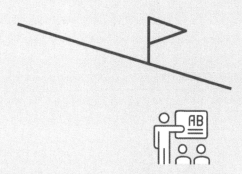

1장

장학사 시험,
어떻게 준비하면 좋을까?

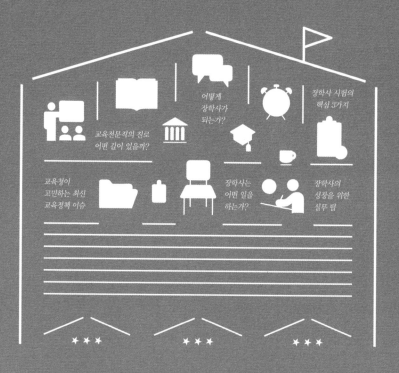

교육전문직의 진로
어떤 길이 있을까?

어떻게
장학사가
되는가?

장학사 시험의
핵심 3가지

교육청이
고민하는 최신
교육정책 이슈

장학사는
어떤 일을
하는가?

장학사의
성장을 위한
실무 팁

★★★   ★★★   ★★★

장학사 시험 전,
알아야 할 것들

1.

왜 교육전문직이 되려고 할까?

대부분의 교사들은 친한 동료나 선배가 장학사가 되지 않는 이상 장학사를 만날 기회가 거의 없다. 그래서 어떻게 장학사가 되는지, 어떤 사람이 장학사가 되는지, 어떤 업무를 하는지 정보를 얻기 어려운 것이 현실이다. 게다가 시·도별 장학사 선발 인원도 매우 제한적이다. 경기도에서는 백 단위 이상 선발하는데 초등, 중등, 과별 구분으로 따지면 많아야 몇십 명 또는 십여 명 아래 수준이다. 그만큼 직접 만날 기회가 많지 않다.

내가 처음 교육전문직(교육연구사, 장학사)을 만나 이야기를 나눈 건 2년 차 신규교사 시절이었다. 근무하던 학교가 교육부 지정 연구학교가 되면서 담당 교육연구사를 만나게 된 것이다. 그때까지 교육연구사가 어떤 일을 하는 사람인지 전혀 몰랐지만 학교에 이런저런 이야기를 하는 걸 보면서 '이 사람 고위직인 것 같은데, 뭐 하는 사람일까?' 하는 궁금증이 생겼다. 부장 선생님께 물어보니 교사로 근무하다가 시험 봐서 교육연구사가 된 분이라고 했고, 옆에 계시던 다른 선생님은 "장학사 합격한 걸로 아는데, 아닌가?"라고 했다. 그래서 "장학사가 교육연구사가 되기도 하나요?"라고 하니 두 개는 다른 시험이라고 했다. "뭐가 더 높은 거예요?"라고 물어보니 장학사가 높다고 했다. 그때는 그런가 보다 했는데 지금 와서 생각해보면 우문우답(愚問愚答)이다. 그 뒤로 한동안 교육전문직에 대해 생각해본 적이 없다. 이것이 교육전문직을 직접 대면한 나의 첫 기억이다.

　지금도 꽤 오래 근무한 경력 교사들조차 교육연구사나 장학사에 대해 모르는 경우가 많다. 장학사가 아닌 연수원에 근무하는 교육연구사는 더욱 생소할 것이다. 사실 장학사와 교육연구사는 모두 시·도 교육청 장학사 시험(교육전문직 시험)에 합격한 이들이다. 근무하는 기관에 따라 명칭이 달라지는데, 연수원이나 연구원에 근무하면 교육연구사고 행정기관(교육청 본청, 교육지원청)에 근무하면 장학사다. 교육부에서는 교육연구사로, 현장에서는 장학사로 통칭한다. 따라서 교사들 사이에서는 교육연구사나 장학사가 되기 위해 치르는 시험을 '장학사 시험'이라 부른다.

　교사들이 장학사가 되려고 하는 이유는 다양하다. 이 책의 독자들은 앞으로 이야기할 몇 가지 이유 중 하나로 장학사에 관심이 생겼거나, 이미 시험에 합격하여 장학사가 되었을 것이다.

승진의 기회가 보장된다

장학사가 되면 승진의 기회가 보장된다. 요즘 우리 사회에서는 승진 욕구를 긍정적으로 보는 것이 일반적이다. 그런데 유독 교직 사회에서는 이를 금기시한다. 워낙 소수의 인원이 꽤 많은 경력과 점수를 쌓아야 승진하는 구조이다 보니 드러내놓고 승진에 관심을 가지는 것을 곱지 않게 보는 것이다. 승진을 꿈꾸는 이유는 여러 가지다. 자신이 꿈꾸는 대로 학교를 경영해보고 싶어서 관리자에 도전하는 교사도 있을 테고, 학교에서 훌륭한 교장을 만나거나 반대로 그렇지 못한 교장을 만난 후 스스로 좋은 교장이 되고 싶어서 승진을 생각하는 교사도 있을 것이다. 이제는 승진을 마냥 금기시하는 대신 승진을 준비하는 교사의 노력을 좋게 바라보는 것이 필요하다고 생각한다.

교직에서 승진하는 길은 크게 두 가지가 있다. 우선 승진점수를 착실하게 모아서 승진하는 방법이다. 보통 20~25년 동안 교사들이 선호하지 않는 기피 지역(농어촌)과 기피 업무(각종 교육부 사업, 시·도 특색사업)를 중점적으로 맡아 점수를 쌓는 등 많은 노력을 기울여야 한다. 때로는 운도 따라야 한다. 예를 들어 교육부나 시·도 교육청 지정 연구학교 경력은 승진에 절대적인데, 연구학교 발령이나 근무 중인 학교가 연구학교로 지정되는 것은 그야말로 운이기 때문이다. 열심히 노력해서 점수를 다 모아도 근평을 잘 받지 못하면 승진이 어려운데 근평을 잘 받는 과정도 결코 쉽지 않다. 상황이 이렇다 보니 임용 후 30년 동안 노력했음에도 승진하지 못하는 경우도 있고, 운 좋게 연구학교에서만 근무하다 조금은 수월하게 승진하는 경우도 있다. 모두 나름의 계획을 가지고 오랜 기간 열심히 노력하지만 소수의 자리를 놓고 경쟁하다 보니 결과는 엇갈릴 수밖에 없다.

게다가 교육부와 교육청에서는 승진제도를 자주 바꾼다. 그 이유는 과거의 평가 방식이 현재와 맞지 않아서, 승진 예정자들의 과도한 경쟁으로 교육 현장에 문제가 생기는 것을 방지하기 위해서, 그리고 새로운 정책 도입에 맞춰 변화를 도모하기 위해서다. 승진제도 변경의 옳고 그름을 떠나 이로 인해 득을 보거나 피해를 보는 이가 생기는 것은 불가피한 일이다.

승진점수를 모아서 승진하는 방식은 이처럼 매우 어렵고 오랜 시간이 걸릴뿐더러 운까지 따라야 한다. 때문에 이 과정에서 피로감이 쌓이거나 승진하지 못하면 어쩌나 하는 불안감에 휩싸일 때, 혹은 승진은 하고 싶지만 점수를 쌓을 길이 막막할 때 장학사 시험을 생각하게 된다. 장학사 시험은 승진의 또 다른 방법이기 때문이다.

사실 장학사 시험에 응시하는 이들 중 많은 비율이 승진을 원하는 교사들이다. 장학사 시험에 합격한 후에는 큰 문제가 없다면 상위 자격증인 교감 자격증과 교장 자격증을 일정 기간 내에 취득할 수 있다. 사실 장학사는 교사에서 전직하여 교육청에 근무하는 것이라서 승진이라고 보기 애매할 수도 있다. 하지만 교장직을 보장해주는 길이기에 승진이라고 여겨지는 것이다. 물론 너무 늦은 나이에 장학사가 되면 교장을 못하는 경우도 있다. 가령 50대 중반에 장학사가 된다면 의무 경력인 5~6년 뒤 교감으로 발령받은 후 곧 정년을 맞게 되기 때문이다.

승진점수를 따질 때 정말 중요한 것이 바로 1급 정교사 자격연수 점수다. 흔히 1정 연수 점수라 부르는데, 이것이 현재까지는 승진에 절대적인 영향을 끼친다. 약 3년 전부터 절대평가로 변경되기는 했지만, 현재 승진 대열에 있는 교사들에게는 1정 연수 점수가 여전히 중요하다. 아니, 절대적이다. 시·도별로 차이는 있지만 중등은 1정 연수 점수가 90점 미만이면 승진이 매우 어렵고, 85점 이하면 사실상 포기해야 한다고 여겨진다. 초등도 이와 비슷하다. 1정 연수 점수는 임용 시기에 따라 다르지만 보통 20대 후반에서 30대 초반 사이에 받게 되는데, 문제는 그즈음에는 승진에 별 관심이 없다는 점이다. 그러다 몇 년 후 승진에 관심을 가지고 보면 1정 연수 점수가 부족한 현실을 맞닥뜨리게 되는 것이다. 1정 자격연수 점수를 다른 점수로 대체하자는 의견도 있으나 현실적으로 어렵다. 대학원 점수가 언급되기도 하는데 조건이 매우 까다롭고 대체한다 해도 90점으로 인정될 뿐이다. 그러므로 1정 연수 점수는 승진을 판가름하는 바로미터가 되기도 한다. 실제로 장학사가 된 이들 중에는 1정 자격연수 점수가 낮은 사람들이 생각보다 많다.

장학사를 승진의 지름길로 생각하는 것은 맞기도 하고 틀리기도 하다. 장학사들은 보통 합격한 해가 같은 동일 기수의 사람들이 함께 교감 자격연수를 받는다. 근평은 매년 주는 방식인데, 최소 근평 3개가 필요하다. 시기는 시·도별로 다른데 3년 만에 일괄로 다 주기도 하고 수급 상황에 따라 4~5년 사이에 주기도 한다. 때로는 6년 만에 교감 자격연수를 받는 이들도 있다. 어떤 시·도는 상위 자격증 2개(교감, 교장 자격증)를 주는 곳도 있다. 그런 곳은 장학사 생활이 10년에 가깝기 때문에 교감 발령이 아닌 교장 발령을 낼 수도 있다. 그러나 일반 승진 교사들과의 형평성 문제로 이 제도도 평가가 엇갈리고 있다. 이런 방식을 취하는 곳이 교육부다. 교육부는 교육연구사 재직기간인 7년 동안 상위 자격증 2개를 준다. 장학사들은 상위 자격증을 취득하면 그 순간부터 상응직 경력이라고 하여 교감급으로 인정받는다. 교감 경력으로 인정되는 부분이 있기에 일반 승진보다 빨라 보이는 느낌이 있다. 그런데 이 상응직 경력을 교육지원청 교육장들이 관할하기 때문에 경우에 따라 인정하지 않는 곳도 생겨나고 있다.

일반 승진 교사들이 장학사보다 더 빨리 교감이 되기도 한다. 일반 승진 교사 중 빠른 경우 23세 교직 임용, 20년 후 교감 자격연수, 44세 교감 발령이 가능한 것이다. 이에 반해 39~40세에 기록적으로 장학사가 된다 해도 교감으로 발령이 나기까지는 5~6년의 시간이 걸리므로 45세 정도가 장학사 출신의 가장 빠른 교감 발령이다.

그런데 일반 승진 교감 중에 교감직을 수행하다 교감장학사를 생각하는 이들이 늘어나고 있다. 교감장학사는 모든 지역에 있는 것은 아니고, 일부 시·도에서 별도로 선발하기도 한다. 교감장학사는 경우에 따라서 1차 지필 평가를 없애고 면접 평가만 하기도 하고, 일반 응시자인 교사들과 동일하게 평가하기도 한다. 별도의 선발 인원 배정이 없는 시·도의 경우 일반 교사들과 동일한 평가가 적용된다. 그렇다면 교감들은 이미 승진을 했는데, 왜 장학사 시험을 보려 할까? 바로 교사는 3년 이상 근무해야 교감 자격증을 취득하는데, 교감은 2년이면 교장 자격증을 취득하기 때문이다. 장학사 의무 복무도 교사는 5년인데 반해 교감은 3년 정도이다. 정확한 규정은 시·도에서 별도로 규정하고 있다.

승진하려는 교사들은 장학사 제도를 활용하여 좀 더 빠르게, 좀 더 확실하게, 좀 더 좋은 기회를 확보하려고 장학사 시험을 선택하는 것이다.

영향력 있는 교육행정가로 거듭난다

인간에게는 명예 욕구가 있다. 매슬로의 욕구위계이론에서 4단계에 위치한 존중과 명예 욕구는 인간의 기본적인 욕구다. 학교는 규모가 매우 다양하다. 60~70학급에 이르는 큰 학교도 있고, 6학급 이하의 작은 학교도 있다. 학교의 규모는 달라도 교장, 교감, 교사 그리고 일반행정직, 교육공무직 등의 구성원으로 이루어져 있다는 것은 동일하다. 우리나라 교육은 학교, 교육지원청, 시·도 교육청, 교육부의 체계화된 시스템을 가지고 있다. 장학사가 되면 학교에서 근무하는 수업과 교육과정 전문가가 아니라 학교가 아닌 교육기관에서 근무하며 교육행정가나 정책가로서 역할을 하게 된다. 따라서 이제까지의 교직 경력과는 전혀 다른 시스템을 경험하는 것이며, 덕분에 더 많은 기관과 더 큰 그림을 그려볼 수 있는 기회가 생긴다.

교사는 한 학급을 운영하며 30여 명 아이들의 인생에 영향을 끼친다. 그리고 장학사는 교육지원청에서 적게는 50개교, 많게는 200개교의 학교를 담당하면서 관련 업무를 맡아 운영하고 기획하고 소통한다. 혹은 담임 장학교를 지정하여 몇 개교의 컨설팅을 도맡아 하기도 한다. 따라서 그 영향력은 수백, 수천을 넘어 많게는 수만 명에게 미친다. 시·도 교육청으로 발령이 나면 그 영향력은 더욱 커진다. 관내 대부분의 학교에 영향을 미칠 수 있으니 말이다. 과거 내가 맡았던 업무는 관련된 학교가 1,400여 개교나 되어 뿌듯함도 느낄 수 있었으나 그에 상응하는 민원과 업무로 인해 하루도 쉽게 넘어가는 날이 없었다.

그럼에도 불구하고 새로운 것에 도전하려는 의지를 가진 이들은 시·도 교육청에서 근무하는 것을 꿈꾸면서 장학사에 도전한다. 만약 시·도 교육청 장학사가 된다면 훗날 장학관이나 교육장에 도전해볼 수도 있는데, 그러면 행정가로서 기관을 운영해볼 기회를 얻게 된다. 물론 장학사 중에 장학관이나 교육장이 되는 것은 소수일 뿐이다. 지역별로 상황도 달라서 어떤 지역은 교육지원청이 없거나 그 수가 적어서 장학사로 만족하는 경우가 많다. 사실 교육장도 법적으로는 보직을 맡은 장학관이다(3급 상당).

명예를 추구하는 이들은 승진 자체보다는 새로운 것을 추구하고 새로운 일을 해보고 싶다는 야망이 있는 교원들이다. 교사로서 학급을 운영하는 역할이나 교장으로서 학교를 경영하는 역할보다 더 큰 일을 해보고 싶은 사람이다. 이들은 시·도 교육청 장학사를 거쳐 교육부 교육연구사로 파견을 가거나 전직 신청을 하기도 한다. 다양한 경험을 통해 높은 자리까지 가려는 야망을 가진 것이다. 이러한 야망이 나쁜 것은 아니다. 다만 선행되어야 할 것은 실력과 인성을 동시에 겸비하는 일이다.

매너리즘에 빠진 현실을 극복한다

장학사가 되면 매너리즘에 빠진 현실을 극복하고 새로운 길을 모색할 수 있다. 물론 현실도피라고 폄하될 소지도 있다. 교사들이 교직을 선택한 이유는 다양하다. 가르치는 일에 대한 소명의식을 가지고 선택한 사람도 있겠지만, 경제적 안정이나 상대적으로 이른 퇴근 시간, 방학 등 워라밸을 추구하고자 선택한 사람도 있을 것이다. 후자의 경우 교사로 근무하면서 현실과 이상의 괴리를 느끼고 다른 선택지를 꿈꾸기도 한다. 성공적인 재테크나 이직을 꿈꾸며 사직하는 경우도 있다.

그러다 30대 후반을 넘어서면 선택지가 더욱 줄어든다. 사실 교직 생활 15년이 넘어가면 매너리즘에 빠지고 동일한 일을 계속하는 것에 대한 피로도도 높아진다. 체력적인 한계도 무시할 수 없다. 상황이 이러하니 가르치는 일을 계속해야 하는지 고민이 많아진다. 그러다 학생이나 학부모와 마찰이라도 생긴다면 교직에 대한 소명의식은 한순간에 사라지고 현실에서 도피할 방법을 찾게 된다. 그때 주변에서 장학사 시험을 권하면 한번 도전해볼까 하는 생각이 드는 것이다. 사실 누구나 내면의 열정은 있기 마련이고, 힘든 상황에서 벗어나려 노력하다 보면 오히려 좋은 계기가 만들어지기도 한다. 수업보다 행정이 적성에 맞는 이들에게 장학사는 좋은 기회가 될 것이다.

교직을 벗어나고 싶게 만드는 이러한 현실 때문에 장학사가 되려는 이들이 생각보다 많다. 승진이나 명예를 위해서가 아니라 당면한 현실을 바꾸고 싶어서 장학사가 되려는 것이다. 현재의 상황에서 벗어나고 싶은 절박함이 장학사 시험을 준비하게 만드는 것이다. 이런 분들이 교육청에 오면 장학사의 업무를 더 잘 수행하기도 한다. 하지만 장학사 시험은 경쟁률이 상당히 높아 많은 사람들이 탈락의 고배를 마신다. 그렇게 몇 번 시험에 실패하면 현실에 안주하거나 명예퇴직의 길을 선택한다. 한때 열정을 가지고 활약했던 교사들이 그렇게 소리 없이 사라진다.

최근 논의가 활발하게 진행되고 있는 '교무학사전담교사제'는 교원단체와 교육부에서도 긍정적으로 보고 있다. 교사 진로의 측면에서 새로운 선택지를 만들자는 것으로, 학령인구 감소 등으로 과원 교사가 늘어나고 있는 상황에서 교사에게 새로운 역할을 부여한다는 취지다. 나는 이 제도의 관련 연구에도 꾸준히 참여하고 있다. 주변의 교사들은 수업을 하지 않고 행정업무만 할 수 있다는 점에서 이 제도를 긍정적으로 평가했다.

교육전문직 진로에는 어떤 길이 있을까?

장학사

승진을 원한다면 언제 장학사 시험에 도전하는 것이 좋을까? 장학사 시험 시기는 매우 중요하다. 시험에 응시한다고 다 합격하는 것은 아니지만 합격 후에 마주할 상황을 고려한다면 적절한 응시 시점이 존재한다. 가령 내부형 교장이나 임기제 장학사(3년 후 교사 복귀) 논란 등은 응시 시점과 연관되어 있다. 이들은 교사직으로 돌아가서 명예롭게 은퇴해야 한다고 생각하겠지만 막상 현실적으로는 어려운 일이다. 아무리 우수한 교사라도 일정 기간 현장을 떠나 있으면 현장감을 잃게 되어 교사, 수업전문가로서 적응하기가 어렵기 때문이다. 또 그 내면의 두려움도 어쩔 수 없다. 현실적으로 40대 초중반에 장학사가 되어서 5~7년가량(시·도별로 상이) 장학사 직을 수행하고, 이후 교감으로 3~4년 정도 근무하다 50대에 교장이 되어 8년 중임을 거치고 만 62세 즈음 퇴직하는 계획을 가장 적절하다고 본다. 그렇기에 40대 중반 이전에 장학사가 되면 다시 교육청으로 들어와 장학관을 해야 하지 않냐는 말을 주변에서 듣게 된다.

실제 장학사들의 입직 시기는 언제일까? 40대 중반이 평균이고, 보수적인 시·도는 40대 후반에서 50대 초반이 평균인 곳도 있다. 장학사 시험에 합격하면 보통 기수가 생기는데, 해당 시·도의 장학사 시험 회차를 기준으로 숫자를 붙이는 것이 보통이다. 요즘은 일찍부터 승진을 준비하는 젊은 교사들이 늘어나면서 경력 12년을 채우는 30대 후반에 장학사 시험에 응시하여 임용되는 경우가 많아지고 있다. 교육부 교육연구사는 30세에 입직하는 경우도 있지만, 시·도 교육청 장학사는 경력 12년 규정 때문에 아무리 젊어도 36세는 되어야 합격이 가능하다. 이것도 이론적으로만 가능하고, 실제 최연소 합격자는 38~39세가 대부분이다. 보수적인 시·도에서는 40대 초반만 되어도 전무후무한 최연소 합격자로 여겨지기도 한다.

상대적으로 이른 나이에 장학사가 되는 것은 명확한 장점과 단점이 있다. 장점은 일단 체력적인 부담이 적고, 상대적으로 유연하고 창의적인 기획력을 발휘하게 될 가능성이 크다는 점이다. 나는 장학사 시험에 일찍 합격한 편인데, 조직 문화가 보수적이다 보니 적응하기가 쉽지만은 않았다. 현장 경험이 부족하다거나 젊어서 교육정책을 잘 알지 못한다는 선입견을 가지고 바라보니 그럴 수밖에 없다.

지금 장학사 시험에 관심이 있다면 본격적인 시험 준비에 들어가기 전에 장학사가 되려는 이유와 장학사가 된 이후의 삶에 대하여 진지하게 생각해보는 시간을 가졌으면 한다. 물론 자기 자신을 파악하는 것이 선행되어야 할 것이다. 장학사라는 자리를 목적으로 삼지 말고 그 자리에 선 후 어떤 삶을 살고 싶은지에 대해 성찰해봤으면 한다.

교육연구사

시·도 교육청 장학사 시험과 교육부 교육연구사 시험은 같은 시험일까? 그렇게 알고 있는 교사들도 상당수가 있다. 하지만 그렇지 않다. 시·도 교육청 장학사 시험(교육전문직 시험)은 통상 1년에 1회다. 예외적으로 2회를 실시하는 때도 있지만 매우 드물다. 시·도 교육청 홈페이지와 공문으로 전형 일정이 나온다. 시험일은 시·도별로 해마다 다르지만 대부분 5~6월이고 일부는 10월이다. 이에 반해 교육부 교육연구사 시험은 1년에 1~2회 있을 수도 있고 아예 없을 수도 있다. 한 번 선발할 때 10명 이내의 소수를 선발하기도 하고, 시·도의 1차 추천 기준이 만만치 않아서 많은 이들이 시험의 존재 자체를 모르거나 알더라도 도전하기를 주저한다.

교육연구사 시험에 합격하면 시·도 교육청 직원이 아닌 국가직 중앙공무원(교육부)으로 소속이 바뀐다. 교육연구사는 교육부 본청 소속과 직속 기관 소속을 별도로 선발한다. 직속 기관은 국립국제교육원, 한국교원대학교, 국립대학교, 국립특수교육원 등이다. 선발 방식은 시·도의 1차 시험 통과자들이 교육부에서 필기와 면접을 보는데, 직속 기관은 별도의 시험을 보기도 한다. 교육부에 근무하는 방법은 교육연구사 시험에 응시하는 것 외에 시·도 교육청에서 장학사 직을 수행하다 교류 형태로 파견되는 방법도 있다.

교육부 교육연구사 시험 공고에서 가장 주목할 점은 교육 실경력 5년 이상이면 누구나 응시할 수 있다는 것이다. 이 때문에 젊은 교사 중 교육연구사 시험에 주목하는 이들이 많다. 전국 단위의 업무를 수행할 수 있다는 것은 교육연구사의 또 다른 큰 매력이다. 시·도 교육청마다 1차 추천 기준이 다른데, 교육부 파견 경력이 있거나 박사 학위가 있으면 우대해주는 시·도 교육청도 있다. 그렇기에 박사 학위가 있고 중앙 단위에서 역할을 해보고 싶은 이들이 많이 도전하고, 그 결과 합격하는 사람들은 대부분 30대다. 이들은 7년 안에 교감 자격증, 교장 자격증을 모두 취득할 수 있다. 그러나 일반 전출로 7년 이내에 해당 시·도 교육청으로 복귀해야 하고, 교육연구사에서 교육연구관으로 전직하더라도 그 이후의 자리를 보장할 길이 마땅치 않다. 그래서 해당 시·도 교육청의 교감, 교장이나 장학관으로 전직하기도 한다. 다만 교장 자격증이 있어도 일단 교감으로 발령을 냈다가 일정 경력이 쌓인 후에 교장으로 발령을 낸다. 일부 시·도 교육청에서는 바로 교장 발령을 내기도 한다.

이렇게 30대에 교육연구사가 된 이들은 대부분 40대에 교장이 되어서 중임 8년을 해도 퇴직 시점까지 많은 기간이 남는 애매한 상황이 생긴다. 능력 있는 이들 중에는 해외 공관 교장으로 가거나, 교육부 과장(또는 국장)이 되기도 한다. 하지만 극소수의 일일 뿐이다. 대개의 경우 해당 시·도 교육청에 안착하여 다양한 진로를 걷는다.

시·도 교육청 장학사가 나은지, 교육부 교육연구사가 나은지 종종 질문을 받는다. 둘을 단순 비교하기도 어렵고 개인의 취향과 역량에 따라 차이가 크기에 대답하기 어려운 질문이다. 분명한 것은 교육부의 업무 강도는 상상 이상이라는 점이다. 두 시험 중 어느 쪽에 도전할지 고민이라면 시·도 교육청 근무와 교육부 근무의 특징과 차이, 장단점에 대해 많이 알아본 후에 결정하는 것이 최선이다.

파견교사

장학사가 아니면 교육청이나 교육부에서 근무할 수 없다는 것이 일반적인 교사들의 생각이다. 그러나 꼭 그런 것은 아니다. 교사 파견제도가 있기 때문이다. '교육공무원 임용령'에 근거한 교사 파견제도는 교육부 및 시·도 교육청의 기관 또는 산하의 직속 기관 등에서 활용된다. 보통 공고를 통해 선발하지만 때로는 내정해서 뽑기도 한다. 그러나 사실상의 인센티브가 거의 없어서 특혜라고 보기도 어려운 참 애매한 제도다.

먼저 교육부 파견교사를 살펴보겠다. 교육부의 파견교사는 교육연구사가 하는 일을 거의 그대로 한다. 호칭도 보통 교육연구사라고 하기 때문에 언뜻 보면 교육연구사 시험에 합격한 사람과 잘 구분되지 않는다. 교육부 본청에는 약 30~50명 정도의 파견교사가 있는데, 전국적으로 생각하면 많지 않은 수다. 파견으로 근무한 경력이 이후 교육부 교육연구사나 시·도 교육청 장학사 시험에 응시할 때 인센티브가 될 것 같지만 그런 경우는 거의 없다. 그보다는 교육부의 업무기획이나 사업방식에 대해 배울 기회를 얻을 수 있다는 것이 장점이다. 하지만 때로는 교육부의 업무 강도나 문화에 질려서 시·도 교육청 장학사 시험으로 진로를 수정하는 이들도 있다.

시·도 교육청의 파견교사도 극소수로 활용되고 있다. 과거에는 본청, 교육지원청마다 파견교사가 많았지만, 2000년대 초반 감사원에서 교사에게 행정지원 업무를 맡기지 말라는 지적을 받은 후 기획업무 등 필수적인 곳에서만 일정 부분 활용한다. 장학사와 거의 같은 업무를 수행하는 시·도 교육청 파견교사의 인원이나 활용은 전적으로 교육감 재량이다. 교육부와 마찬가지로 시·도 교육청 파견을 경험했다고, 해당 시·도 교육청 장학사 시험에 인센티브가 주어진다는 보장은 없다. 시·도 교육청 파견 경력에 가산점을 주는 곳은 극소수다. 그래도 여러 단위에서 일을 하다 보면 해당 시·도 교육청 내에서 두루두루 인맥을 쌓을 수 있는 계기를 만들 수 있다.

장학사 시험,
본격 준비하기

2.

장학사 선발 제도

장학사가 되기로 마음먹었지만 장학사가 무엇인지, 어떤 일을 하는지는 물론이고 어떻게 준비해야 하는지도 몰라 막막하다는 이야기를 자주 듣는다. 그래서인지 주변에 '카더라'로 알려진 정보에 의존하거나 사교육 시장을 기웃거리거나 그냥 무턱대고 부딪쳐보는 경우가 많다. 지금은 거의 없지만 과거에는 금품을 받고 준비 방법이나 정보를 제공하는 사례가 있어 문제가 된 적도 있다.

시·도 교육청의 장학사 선발 과정은 거의 비슷하다. 심사위원들은 보안서약서를 작성하고 해당 시·도 교육청에서도 노출되지 않도록 신경을 쓴다. 때문에 시험과 관련한 구체적인 내용이 밖으로 나오지 않는다. 사교육 시장에서 예상 문제를 뽑아보기도 하지만 대부분은 베일에 싸여 있다. 나 역시 여러 시·도 교육청에서 다양한 임용제도 관련 경험을 해보았으나, 선발 과정에 대해 자신 있게 이야기하기는 어렵다.

장학사 임용은 교사의 임용과 유사한 면이 있어서 이미 경험한 임용고시를 떠올려보면 이해하기 수월할 것이다. 교사 임용고시는 1차와 2차로 구분된다. 1차는 지필 평가로 보통 1.5배수를 선발한다. 2차 시험은 심층 면접과 실기 평가다. 교사들의 임용고시는 국가직 공무원 선발이기는 하나, 시·도 교육청 교육감에게 재량권이 있어 시·도별로 시험 방식에 다소 차이가 있다.

임용고시 1차 지필 평가는 보안상의 이유로 한국교육과정평가원의 문제를 17개 시·도 교육청이 공통으로 사용하고 있고, 2022년 기준 2차 심층 면접은 자체적으로 평가하는 시·도 교육청이 5곳이었다. 교사들이 임용고시를 준비할 때 중요하게 생각하는 것은 교육철학, 역량, 교과에 대한 전문성과 함께 해당 시·도 교육청이 추구하는 교육정책 방향이다. 대부분의 임용고시 준비생들은 시·도 교육청의 기본계획(시책)이라고 불리는 문건들을 바이블처럼 달달 외운다. 이는 2차 면접에서도 중요하다. 시·도 교육청은 교육청 철학에 맞는 사람을 찾기 위해 면접 문제를 자체적으로 출제하고 면접 방식을 다른 교육청과 차별화, 다양화하기 위해 노력한다.

시·도 교육청에서 자체 임용 시스템을 유지하는 것은 교사 임용고시, 장학사 시험, 장학관 선발, 수석교사 선발이다. 한편 면접관들은 해당 시·도 교육청 소속의 교장, 교감 등 관리자나 장학관, 장학사 등 교육전문직이 주를 이루며 일부 특정한 영역에서 두각을 나타내는 교사도 참여한다. 해당 시·도에서 내로라하는 사람들이 모여 시·도 교육청의 철학에 맞는 사람을 뽑기 위해 노력한다.

임용고시를 통해 교사가 된 현직 교사들 중 교사 임용 시스템에 대해 제대로 이해하는 이들은 별로 없다. 교육청 관계자도 임용제도를 연구해 본 경험이 있어야 어느 정도 기능적인 시스템을 이해하고, 면접관을 해 본 경험이 있어야 면접 방식에 대해 알 수 있다. 연구와 면접을 동시에 경험하고 행정시스템을 이해해야 전반적인 내용을 들여다볼 수 있다. 하지만 그런 이들이 흔하지는 않다. 현직 교사든 현직 교장, 교감이든 교사 임용 시스템에 대해서 자신 있게 말하기는 어려울 것이다.

그래서 보통 임용고시 1차 지필 시험 준비는 예비 교사들끼리 자발적으로 모여 스터디를 하는 경우가 많다. 그러나 그들이 임용고시 내용을 분석하는 데는 분명 한계가 있다. 사교육 시장 역시 마찬가지다. 기본적인 정보는 얻을 수 있을지 모르지만, 합격을 위한 고도의 전략과 체계적인 정보는 얻을 수 없을 것이다. 2차 면접도 인맥을 동원하여 팁을 얻는 정도가 최선이다. 수많은 사람이 도전하는 임용고시가 이런 상황이니 장학사 시험은 두말할 필요가 없을 것이다. 앞서 이야기했듯이 장학사 시험은 큰 틀에서는 임용고시와 시스템이 별반 다르지 않다. 안타깝지만 역량 중심 평가보다는 기능적이고 기계적인 합격 팁이 난무하는 것이 현실이다.

시험 응시 자격

장학사 시험에 도전하기로 마음먹었다면 먼저 자격 요건부터 정확히 파악해야 한다. 장학사 시험은 시·도별로 응시 자격이 다른데 보통은 12년 이상의 교육 경력이 조건이다. 이것은 학교 현장에서 아이들을 직접 가르친 기간으로, 그 기준이 매년 약간씩 달라지기도 한다. 학교 현장 근무 경력(보통 실경력이라 칭함)만 인정할지, 아니면 파견('교육공무원 임용령' 7조 3항의 4호, 1호, 9호 등)이나 휴직(육아휴직, 군휴직 등) 기간을 포함할지에 대한 내용이 매년 공고에 제시된다. 공고 내용은 해마다 상이하고 시·도별로 규정이 다르므로, 공고 내용을 꼼꼼히 잘 살펴봐야 한다. 장학사 시험에 응시하려면 최근 2~3년간 공고의 내용을 분석, 흐름을 파악한 후 지원할 시험의 공고 사항을 체크해야 한다.

사립학교 정교사도 장학사 시험 응시 자격이 있을까? 현재 대부분 시·도 교육청에서는 사립 정교사의 응시를 허용하고는 있다. 하지만 규정은 달라질 수 있으므로 정확한 것은 교육청에 문의하는 것이 좋다. 또한 상담, 영양, 사서 등 비교과 정규 교원의 경우는 시·도 교육청별로 선발 여부, 선발 시 전면 전형, 임기제 전형에 대한 내용이 공고된다.

이처럼 장학사 시험 전형은 매년 달라질 여지가 있으므로 본격적인 준비 전에 반드시 해당 시·도 교육청에서 발표한 공고 내용을 면밀히 살펴야 한다.

시험 준비 기간

장학사 시험을 준비하는 이들이 가장 궁금해하는 부분이 바로 합격까지 얼마나 오랫동안 준비해야 하는가다. 그 기간은 개인차가 무척 크다. 시·도 교육청별 평균 경쟁률도 과목별, 급별, 시기별로 차이가 크다. 내가 교육청 생활을 하며 만난 수백 명의 합격자들을 분석해보면 첫 응시에서 합격한 사람은 대략 20~30퍼센트 내외다. 그리고 2년 차에 붙는 사람이 30~50퍼센트, 나머지는 3회 이상 응시한 사람들이었다. 한 번에 붙는 비율이 생각보다 낮았다.

개인차라는 것은 결국 기본적인 글쓰기, 화법, 정보, 학습량의 차이, 그리고 교육정책에 대한 이해도 등이다. 가령 시·도 교육청 장학사는 기본적으로 부장 경력이 1~2년은 있어야 응시 자격을 얻는다. 자격 요건으로 요구하는 부장 경력은 1~2년이지만, 어떤 부장을 했는가에 따라 교육정책과 시·도 교육청 시책사업 및 기본계획에 대한 이해도가 다르다. 장학사 시험은 장학사 역할을 할 사람을 뽑는 시험이다. 업무와 사업에 관한 기본적인 이해도가 높은 사람이 유리한 시험이기에 학교에서 교무부장이나 연구부장을 경험한 사람이 합격 가능성이 높다. 대부분의 학교 일들이 교무부장이나 연구부장의 손을 거쳐 교감, 교장에게 결재되기 때문이다. 또 해당 시·도 교육청의 각종 정책 공문들을 모두 보아야 하는 자리라서 전반적인 학교 교육의 흐름을 파악할 수 있다. 직접 지역교육청이나 본청으로 계획서나 현황보고를 하기도 한다. 그래서인지 실제 장학사에 합격하는 이들 중 연구부장이나 교무부장을 경험한 사람들의 비율이 압도적이다. 두 부장을 경험한 이들은 다른 이들보다 상대적으로 장학사 공부를 하기도 수월하고, 문건(공문)으로 보는 내용을 업무로 수행하며 직접 체감한 경험이 있기에 단기간에 장학사 시험에 합격할 가능성이 크다.

한편 주의해야 할 것이 있다. 바로 "이렇게 공부해서 합격했대."라는 소문들이다. 당사자 개인에게는 합격 방법이었겠지만 그것이 모두에게 바이블이 될 수는 없기 때문이다. 장학사 시험은 상대 평가이고 많은 시험이 그렇듯 운도 작용한다. 그렇기에 객관적인 데이터가 아니라 개인적인 경험을 말하는 것이라면 더더욱 조심해야 한다.

장학사 시험을 준비할 때 하루에 몇 시간쯤 공부하는지도 많이들 궁금해하는 부분이다. 이것도 개인차가 크다. 고등학교 수험생 시절을 생각해보면 하루 12시간을 공부한다고 꼭 전교 1등을 하지 않는다는 것을 기억할 것이다. 몸은 장시간 책상 앞에 앉아 있지만 마음은 딴 곳에 있다면 무의미한 시간이다. 공부는 집중력이 핵심이다. 그런데 안타깝게도 나이가 들수록 집중력이 매우 흐려지고, 신경 써야 할 것들이 너무 많아진다. 집안일, 자녀 문제, 학교 업무 관련 사안 등이 수시로 발생하면 집중력이 더욱 흐려질 수밖에 없다.

장학사 시험은 철저하게 블라인드 테스트다. 1차 시험은 그야말로 진검승부다. 심사위원이나 교육청에서는 응시자에 대해 알 수 없고 알 필요도 없다. 오직 시험지에 기재한 내용으로만 평가한다. 어떤 내용을 답으로 제출할지는 응시자 본인의 책임이고 역량이다. 준비한 대로 결과가 나오는 공평하고 공정한 시험이라는 말이다. 결국 이 시험은 집중력, 정보력, 물리적인 시간 투자가 관건인 싸움이다. 학교에서 부장을 맡아 바빠서, 강의와 연구가 많아서, 집필 활동이 있어서, 박사 과정 공부를 하느라, 아이가 어려서, 가정에 일이 있어서, 건강이 안 좋아서, 체력이 떨어져서 등 합격하기 어려운 이유가 자꾸 떠오른다면 처음부터 도전하지 않는 것이 나을 수도 있다. 이런 핑계는 아직 마음의 준비가 안 되었다는 의미다.

만약 장학사가 되기로 마음먹고 본격적인 준비를 시작하면 그동안 잘 해왔던 여러 일들에 영향이 가지 않을 수 없다. 이를 감내하고 이 악물고 최소 1~2년은 버틸 수 있을 것인지를 판단해야 한다. 내가 시험 볼 의지가 있더라도 가족이 이것을 받아들일 수 있는가는 또 다른 문제다. 시험 준비에 몰두하다 보면 남편, 아내, 아버지, 어머니의 역할을 제대로 못할 수도 있다. 또한 일정 기간 학교에서 맡은 역할에 소홀해질 수도 있다. 때문에 가족과 동료의 배려가 반드시 필요하다. 그렇다고 시험에만 매달려서 일상생활을 대충 해도 된다는 뜻은 아니다. 그러면 장학사 동료평가(온라인 평가, 현장 실사) 결과가 좋을 수 없어 최종 합격이 어려울 수 있다. 결국 일과 공부와 가정 사이의 균형을 맞추는 것이 중요하다.

어떤 자세로 시험에 임해야 하는가도 매우 중요하다. 장학사 시험을 준비하는 이들을 가까이에서 많이 봐왔기 때문인지 주변 지인을 통해 조언을 구하는 분들이 적지 않다. 어렵게 찾아온 이들에게 항상 말씀드리는 몇 가지가 있다.

우선 최선의 집중력과 배수지진의 각오로 노력하지 않을 것이라면 포기하는 것이 낫다는 현실적인 조언을 한다. 그리고 한 번에 붙을 각오로 시험에 임하라고 한다. 이번에 안 되면 다음에 붙겠다는 생각이면 당연히 마음가짐이 해이해질 수밖에 없다. 마지막으로 집중해서 공부할 물리적 시간을 확보하라고 한다. 하루에 5~6시간의 공부시간을 최소 6개월 동안 확보해야 한다. 당연히 주말도 포함이다. 하루에 2~3시간만 공부하면 안 되겠냐고 묻기도 하는데, 나의 답변은 "개인차가 있겠지만, 합격하기 쉽지 않을 겁니다."이다. 내가 공부에 노력과 시간을 투자할 수 있는 상황인지, 그리고 현실적으로 얼마만큼의 물리적인 시간을 확보할 수 있는지가 중요하다. 물론 이와 더불어 정확한 정보의 확보도 중요하다.

가까운 후배가 찾아와 이런 질문을 했다. "아이가 어리고, 아내도 교직에 있어 육아에서 완전히 벗어나긴 어려워요. 양가 부모님도 아이를 봐줄 상황이 아니라서…. 밤 10시 정도에 아이들을 재우고 새벽 2~3시까지 공부를 하면 어떨까요? 합격할 수 있을까요?" 나의 대답은 "불가능할 것 같은데…."였다. 사람은 기본적인 수면 시간이 보장되어야 한다. 새벽까지 공부하고 아침 일찍 출근하는 생활이 1~2주라면 가능할지 모른다. 하지만 그런 생활을 6개월 이상 지속한다는 것은 불가능하다. 또 가능하더라도 수면의 질이 떨어져서 집중력이 저하될 수밖에 없다. 최소한 6개월 동안은 회식, 개인생활, 육아, 가정사, 학교에서 발생하는 민원으로부터 떠날 수 있는 환경을 만들어놓아야 한다.

어떤 사람이 합격할까?

장학사를 희망하는 많은 교사들은 실제 장학사 시험에 합격하는 이들이 대체 어떤 사람인지 궁금해한다. 교육청 활동을 많이 하면 합격에 도움이 될까? 장학사 시험 공부를 많이 하면 한 번에 합격할 수 있을까? 학위가 있거나 글을 많이 써본 사람이 합격에 더 유리할까? 궁금한 점이 많다. 이런 기본적인 궁금증이 많은 것을 보더라도 장학사 시험에 대한 정보가 얼마나 적은지 알 수 있다.

실제 장학사에 합격하는 사람들을 살펴보면 스펙트럼이 넓다. 대단한 이력을 가지고 있는 사람도 있고, 학교 현장에서 만날 수 있는 평범한 교사도 있다. 박사 학위를 가진 사람도 있고, 책을 출간한 경험이 있는 사람도 있다. 박사 학위를 가진 사람은 전체 교원의 1퍼센트가량이다. 장학사 합격자 중 이들의 비율이 높을까? 장학사로 근무하며 여러 시·도 교육청과 교류해왔는데, 박사 학위를 가진 장학사의 비율은 생각보다 높지 않았다. 학교 현장에 있는 교사와 비슷한 비율이다. 책을 출간한 경험이 있는 사람, 대중매체에 자주 나올 정도로 교육계에서 유명한 사람, 스타 강사 등 화려한 이력의 능력자는 오히려 학교 현장에 더 많다.

교육청 파견 근무나 교육청 TF 활동 등 교육청이나 교육부에서 일을 많이 해본 이들은 종종 있었다. 그런데 이것이 교육청 활동을 많이 하면 합격에 유리하다는 뜻은 아니다. 활동을 많이 하다 보면 아는 사람이 많이 생겨서 면접 고사장에서 만날 가능성을 배제할 수는 없다. 하지만 면접관이 나와 친분이 있다고 나를 합격시켜준다는 보장도 없고 가능하지도 않다. 심사위원들의 점수를 평균 낼 때 최고점이나 최저점을 빼는 곳도 상당히 많다. 하지만 교육청에서 근무하다 보니 장학사들과 친분이 생겨 공부할 때 도움이나 정보를 제공받았을 가능성도 배제할 수는 없다. 정보력 싸움에서 유리한 고지를 차지한 이들이 합격할 가능성도 높은 것이 사실이다.

합격자 연령대는 시·도 교육청별로 약간씩 다르지만 30대 후반에서 50대 초중반까지 넓게 퍼져 있다. 어느 시·도 교육청이든 42~47세가 가장 많은 연령대일 것이다. 중등의 경우 초등보다 연령대가 조금 더 높은 편이다. 최근 들어서는 합격 연령대가 젊어지는 추세다.[1] 젊은 나이에 응시하는 것이 유리한지에 대해서는 사람들마다 생각이 다르다. 젊어서 유리한 시험이라면 30대 합격자의 비율이 높을 텐데 그렇지도 않다. 그만큼 연구, 교무, 각종 교육과정 기획 등의 경험을 중요하게 평가한다. 간혹 30대 초반부터 아니면 더 빠른 20대부터 장학사 시험을 생각하거나 준비하는 교사들도 있다. 조언을 하자면, 학교에서 다양한 경험을 쌓아 성장한 후에 도전하는 것을 권하고 싶다. 최근 들어서는 시험 자체보다 현장평가가 강화되는 추세이기 때문이다.

사실 장학사 시험은 합격 공식이 없다는 것이 정설이다. 교육청 파견 경험이 많다고, 유능해서 이름이 알려졌다고 합격이 보장되는 것은 아니

---

1) 젊은 교사들이 장학사 시험을 보는 경향이 점점 커지다 보니 일부 시·도 교육청에서는 응시 자격 요건에서 부장 경력이나 교육 경력을 높이려는 움직임도 있다.

다. 글도 잘 쓰고 능력이 출중하니 꼭 합격할 것이라고 평가받는 사람도 탈락의 고배를 마시다 포기하는 경우를 종종 봤다. 반면 합격하기 힘들지 않을까 생각됐던 사람이 한 번에 합격하는 경우도 봤다. 준비를 3개월 했는데 합격했다는 사람, 8번째 시험에서 겨우 합격했다는 사람 등 사례는 무척 다양하다.

운칠기삼(運七技三)이라는 말처럼 장학사 시험도 운인 것일까 하는 생각이 절로 든다. 하지만 아니다. 시험에서 원하는 인재상이 중요하다. 그것을 정확히 파악하고 요구하는 정답을 잘 적어내는 사람이 합격하는 것이다. 결국 아무리 잘나고 똑똑한 사람도 시험을 별도로 준비해야 한다. 장학사 시험은 얼마나 성실하게 시험 문제 유형을 파악하여 철저히 준비했는지가 당락을 결정한다. 블라인드 테스트라서 누구도 유불리를 따질 수 없다. 교원이나 공무원 인사 시험은 공정하고 투명하게 운영된다. 만약 잘못된 사실 관계가 확인된다면 바로 신고되어 수사가 시작되고 담당자가 구속된다. 요즘은 시험에서 편법이나 위법을 한다는 것은 상상하기 힘들다.

결국 장학사 시험에 합격하는 사람은 정확한 정보를 바탕으로 철저하게 분석하고 자신만의 계획을 짜서 준비한 사람들이다. 신규 장학사 연수에 가면 많은 사람들이 자신의 경험을 공유하는데, 모두의 방식이 다르다는 것에 놀란다. 혼자 공부한 사람이 붙기도 하고, 스터디에서 딱 1명이 붙거나 또는 전원이 붙기도 한다. 아는 장학사가 많은 사람, 아는 장학사가 아예 없는 사람, 학교에서 교무부장이나 연구부장을 해본 사람, 부장 경력은 1~2년이 전부인 사람, 혼자 공부한 사람, 스터디를 구성해 공부한 사람 등등. 이를 보면 합격자는 아무래도 특별할 것이라는 생각은 틀린 듯하다.

장학사 시험에 합격하면

장학사 시험에 합격하면 축하 전화가 쏟아진다. 명단이 공개되기 때문이다. 최근에는 '개인정보보호법'에 따라 이름 가운데 글자를 가리고 공개하긴 하지만, 학교명이 공개되기 때문에 누구인지 쉽게 알 수 있다. 대학 동기부터 십수 년 전 같이 근무했던 교사들, 심지어는 모르는 분들에게서도 연락이 온다. 공부한 자료나 정보를 줄 수 있느냐는 문의도 있다. 처음 2~3일은 임용고시에 붙었을 때나 박사 과정을 졸업했을 때만큼 기분이 좋았던 것 같다. 그런데 며칠 지나자 두려움이 엄습해왔다. 내가 과연 잘할 수 있을까? 어떤 부서(기관)에 근무할까? 언제 발령이 날까? 까다로운 선배나 상사를 만나는 것은 아닐까? 악성 민원에 시달리지 않을까? 근무 강도가 세다는데 견딜 수 있을까? 원거리로 발령 나서 난처해지는 것은 아닐까? 이런 생각들로 잠을 설치는 날이 많아진다. 한편으로는 함께 시험을 준비했는데 시험에 떨어진 사람들에 대한 미안함과 학교 현장을 떠나야 하는 아쉬움, 더 이상 스승의 날이라고 찾아오는 제자들을 보기 힘들겠다는 서글픔도 느낀다.

현재 장학사 시험을 준비하는 이들은 모두 임용고시 세대들이다. 그 힘들다는 임용고시를 치러 안정적인 삶을 살고 있는데 또다시 시험을 준비하겠다고 마음을 먹는 것은 쉬운 일이 아니다. 개인차가 있겠지만 모두 학교에서 담임 또는 비담임으로서의 기본적인 업무, 부장 등 부가적인 업무, 그 외에 개인적인 활동, 교육청 지원단 활동, 육아 등 감당해야 할 일들이 많다. 여기에 더해 박사 과정이나 다른 집필 활동을 병행하는 분들도 있다. 여기에 더해 새롭게 장학사 시험을 준비한다는 것은 절대 쉽지 않다. 임용고시 때와는 또 다르다. 장학사 시험은 보통 40대에 시작하니 체력도 예전같지 않아서 부담이 될 수밖에 없다.

그럼 열심히 준비했지만 시험에 불합격한 사람들은 어떨까? 모두 좌절감에 빠져 있을까? 그렇지 않다. 장학사 시험을 준비하다가 공부에 재미를 느껴서 박사 과정을 시작해 박사 학위를 받은 분도 있었다. 또 수석교사가 된 분도 있었고, 특정 분야를 공부하다가 관련 책을 집필해서 베스트셀러 작가가 된 분도 있었다. 불합격한 사람이 결코 능력이 부족한 것이 아니다. 장학사 시험은 결국 하나의 수단이자 통로일 뿐이다. 불합격하더라도 공부하는 과정에서 자신의 진로와 적성을 뒤늦게 발견해 한 단계 더 성장하고 행복을 찾은 사람들도 많다. 그리고 교육정책이 어떠한 맥락으로 흐르는지, 그동안 알지 못했던 교육청의 학교 지원 사업에 대한 이해 등은 덤이다. 그럼에도 1차에만 2~3번 붙고 계속 2차에서 탈락하는 이들은 그 아쉬움이 매우 크다. 여러 번 탈락의 고배를 마시고도 다시 도전하는 이들이 있고,[21] 미련 없이 포기하는 이들도 있다.

그렇다면 장학사 시험에 합격한 사람들은 행복해졌을까? 그것도 사람마다 다르다. 당연히 시험에 합격한 사람이 떨어진 사람보다는 좋은 상황이다. 그러나 장학사 시험 합격이 모든 것을 보장해주지 않는다. 그러므로 합격 이후의 삶에 대해서도 한 번쯤 차분히 생각해보는 것이 좋다.

장학사가 되어서 더 불행한 삶을 사는 사람도 있고, 교사로 남아 더 행복한 삶을 사는 이들도 있다. 결국 장학사 시험은 인생에서 잠깐 거쳐가는 과정일 뿐이다. 선발 기준에 맞춰서 일정 인원을 선발하는 시험일 뿐이며 그것이 개인의 역량을 온전히 평가할 수는 없다. 분명한 것은 능력 있는 수많은 교사들이 학교 현장을 지키고 있다는 사실이다. 학생과 교사가 있기에 장학사 제도가 있는 것이다. 장학사 시험을 준비하는 사람들, 장학사가 된 사람들, 장학사였던 사람들이 이것만은 꼭 기억했으면 한다.

장학사 시험 준비 방법 2가지

스터디 만들기

장학사 시험 응시를 결정하고 나면 동시에 여러 생각이 떠오른다. 그중 첫 번째는 '대체 어디서 정보를 얻어야 할까?'일 것이다. 가장 쉬운 방

---

2) 일부 시·도 교육청에서는 삼진아웃제 혹은 4회 이상 응시자에 대한 감점제를 도입했으나, 삼진아웃제를 유지하는 시·도 교육청은 많지 않다. 경기도교육청도 2023년 이 제도를 폐지하였다. 다만, 시·도 교육청 별로 장학사 정책을 과열 경쟁 양상에 따라 유연하게 운영한다.

법은 관련 도서를 찾아 읽는 것이고, 이보다 빠르고 효과적인 방법은 현직 장학사에게 정보를 얻는 것이다. 하지만 일반 교사들은 개인적으로 아는 장학사가 거의 없다. 물론 부장교사쯤 되면 업무적으로 알게 된 장학사들이 있을 수 있다. 하지만 그 장학사가 나에게 정보를 줄 수 있느냐는 것은 또 다른 문제다. 막역한 개인적인 친분이 없다면 장학사 시험에 대해 묻기란 매우 어렵다.

현실이 이렇다 보니 자연스레 스터디를 구성해서 집단지성의 힘을 빌어보려는 경향이 생겨난다. 그 방법 자체는 권장할 만하다. 좋은 사람이나 역량 있는 사람들로 스터디가 구성된다면 금상첨화다. 사실 1, 2차 시험 모두 스터디로 준비할 수 있으면 좋다. 아니, 필요하다. 하지만 주변에 좋은 사람이 없다면 혼자 할 수밖에 없다. 혼자서 준비하는 것이 불가능하지는 않지만 가급적 좋은 사람들과 함께 고민하는 것이 낫다.

스터디를 구성할 때는 고려해야 할 것들이 많다. 일단 인원 구성은 3~4명이 적당하고 5명까지도 가능하다고 본다. 6명으로 이루어진 스터디도 없지는 않은데, 너무 많아서 그룹이 유지되기가 좀 어려울 수도 있다. 스터디 구성원들의 거주지나 근무하는 학교는 가까울수록 좋다. 스터디는 가급적 오프라인으로 하는 것을 추천한다. 대화를 통해 토론하는 학습을 병행해야 하기 때문이다. 방학이냐 학기 중이냐에 따라 다르겠지만 주당 2번 이상 모이는 것이 좋다. 방학 때라면 주당 3~4번도 가능하다. 스터디를 할 때만 공부하는 것은 절대 아니다. 평소에 해야 할 것들을 꼼꼼히 챙긴 후 스터디에서는 주로 확인을 하고 각자 숙제를 해오는 방식이 좋다. 바쁘다는 핑계로 스터디할 때만 공부하는 사람들은 합격에서 점점 멀어지게 된다. 숙제를 소홀히 한다면 본인뿐 아니라 해당 스터디원 모두에게 피해를 주게 된다는 점을 반드시 기억해야 한다.

스터디의 끝이 좋지 않은 경우도 종종 있다. 서로 신뢰가 부족해서 다른 스터디를 만든다든지, 정보를 제한적으로 공유하거나 왜곡된 정보를 공유한다든지 하는 경우다. 또 자신은 정보가 없는 척 이야기하고 필요한 정보만 쏙쏙 빼가는 경우도 있다. 이는 스터디 동료를 오로지 경쟁자로만 의식하기 때문이다.

어떤 스터디는 서로 신뢰하면서 전원 합격하기도 한다. 결국 사람들의 관계가 좋으면 모임의 분위기가 좋아져 시너지 효과를 낼 수 있고, 사람들의 관계가 틀어지면 공부도 벅차게 느껴지고 갈등이 깊어져 서로 지치기 마련이다. 어떤 사람과 스터디를 구성하고 운영할지 철저한 계획과 사전 정보가 필요하다. 기본적으로 신뢰할 만한 사람과 함께 하는 것이 좋고, 주변에 그런 사람이 없다면 신뢰할 만한 이에게 소개를 받아서 구성하는 것도 좋다.

스터디를 구성하기 어렵다면 혼자 하는 것도 괜찮다. 다만 혼자 하더라도 객관적인 피드백을 해줄 누군가가 있어야 한다.

참고 삼아 과거 지인들이 스터디를 구성하면서 구성원의 역할과 당부 사항을 적어놓은 것을 공유한다.

스터디 구성원의 역할과 당부사항(예시)

- 각자 맡은 역할을 충실히 해올 것. 구성원의 역할을 충실히 이행하지 못했다고 판단되고, 스터디 내 갈등을 지속적으로 야기할 시에는 구성원들의 의견을 모아 스터디에서 제외함.

- 스터디에서 만든 자료나 정보, 논의 사항 등은 합의 없이 외부나 SNS에 공유해서는 안 됨. 전체의 자산이기 때문임. 공유된 자료가 카페나 온라인에서 돌아다니면서 문제가 발생됨.

- 스터디를 이중, 삼중으로 만들어 잘 되는 스터디에 더 의존하는 방식은 바람직하지 않음. 서로 간의 신뢰가 무너지기 때문임.

- 구성원들 간 지나친 경쟁의식을 가지고 상대방을 불쾌하게 하거나 비난하는 일 금지.

- 필요한 사안은 단체 채팅방에서 논의하고 불만이 있을 시에는 공개적인 자리에서 함께 논의하기로 함.

- 한 사람이 일방적으로 강의를 하는 자리가 아님. 구성원들끼리 소통하고 논의하는 자리이자 정보를 공유하는 자리여야 함. 개인의 발언은 가급적 3분 이내로 하며 발언 기회를 얻고 말할 것.

- 자신이 알고 있는 것이 전부가 아닐 수 있음을 인식해야 함. 열심히 듣고 의견교환을 통해 개인의 발전을 이뤄나가길 바람.

- 구성원끼리는 경쟁자가 아닌 협력자의 관계가 되어야 함. 함께 합격하여 의지할 수 있는 동료가 되었으면 함.

- 스터디가 종료되어도 교직의 동반자로 함께 성장할 수 있는 관계를 지향함. 스터디를 소모적으로 이용하거나 수단화하지 않았으면 함.

사설 연수원과 사교육 시장

'장학사 시험을 준비할 때 사교육은 도움이 될까?' 이 질문은 '스터디는 꼭 해야 할까?'와 비슷한 고민 같지만 전혀 다른 문제다. 일단 스터디는 비용이 들지 않는다. 장학사를 준비하는 교사들끼리 만나서 학습하는 방식이기 때문이다. 오래전에는 전현직 장학사들(교장, 교감 포함)에게 사사(교육)받고 과외 비용을 내는 경우도 있었다고 한다. 하지만 불법적이기도 하고 사회적으로도 문제가 되어 최근에는 거의 사라졌다. 현직 장학사들 역시 문제의 여지가 있어 응시자들을 적극적으로 돕지 않는다. 지인이라도 구설수에 휘말릴 염려 때문에 도와주지 않는 것이다. 그렇다고 교육청 차원에서 공식적으로 장학사 응시자들에게 자료를 제공하거나 안내하지도 않는다. 일반 교사들이 의존할 만한 정보는 거의 없다고 봐도 무방하다. 결국 이들이 가장 쉽게 접근할 수 있는 것이 사설 연수원이나 사교육이다.

사설 연수원의 장학사 연수 과정은 방향성을 잡는 데 도움이 된다고 알려져 있다. 아쉬운 대로 들을 만하다는 평도 많다. 반면에 시·도 교육청별 맞춤형이 아니고 과거의 방식에 따라 기술적인 측면만 강조한다는 비판도 있다. 기획, 논술 시험은 창의성을 바탕으로 해야 하므로 연수원의 획일화된 방식이 기획안 작성에 방해가 될 가능성도 없지 않다. 개인차가 있겠지만 정책, 기획, 논술에 자신이 있다면 안 들어도 될 것이고, 배경지식이 없다면 한 번쯤은 들어봐도 괜찮을 것 같다.

최근 들어 우려의 목소리가 높은 것은 사교육 시장이다. 장학사, 장학관을 경험한 퇴직 교원들이 이 시장을 점유하고 있다. 사교육을 무조건 깎아내릴 의도는 없지만, 장학사를 지원하면서 사교육에 의존한다는 것은 비판받을 수 있는 지점이라는 점은 언급하고 싶다. 게다가 이 사교육이 장학사 시험에 실제 도움이 되는지에 대한 평가도 엇갈린다. 그 비율이 압도적이진 않지만 사교육의 도움을 받아 합격한 사람도 있다. 하지만 이들이 공통적으로 말하는 것은 사교육이 초급자를 중급자로 만들어 줄 수는 있으나 딱 거기까지라는 얘기다. 장학사 시험 준비에서 중요한 것은 결국 스터디와 스스로 하는 공부다. 사교육을 받으려면 지불해야 하는 비용이 꽤 크다. 장학사 시험은 과거 암기 위주의 고시 방식이었는데 여러 사교육의 폐해와 응시자들의 집단 민원으로 인해 지금은 교육부의 권유로 창의성 중심의 기획과 논술 평가 방식으로 바뀌었다. 이렇게 시험 방식이 바뀌었는데 여전히 과거의 방식에 의존하는 것은 안타까운 일이다.

사교육에서 얻은 정보가 도움이 되었다는 사람도 있다. 조심스럽지만, 나는 사교육에서 알려주는 정보는 스터디에서도 얻을 수 있을 거라고 생각한다. 잘 운영되는 스터디에서는 최근 트렌드를 반영한 기획, 논술 문제들을 출제해 공부한다. 이 과정에서 나만의 아이디어와 창의성을 구현해낼 수 있다면 훨씬 더 좋은 답안을 만드는 것은 물론이고 추후 실제 정책을 만들어낼 수 있는 능력까지 기를 수 있다. 교사들의 집단지성 속에서 자신이 성장할 수 있는 계기를 창의적으로 만드는 것이 더 나은 선택지로 보인다.

장학사 시험의 핵심 3가지

시·도별로 장학사 시험 공고문을 게시한다. 주로 5월과 10월 즈음 시험을 보는데 시험 날짜는 매년 달라진다. 최근 3~4년의 공고문을 찾아 하나하나 분석하는 것이 좋다. 그러면 해당 시·도 교육청의 1차 시험과 2차 시험의 유형을 파악할 수 있다. 그리고 주변을 수소문하여 기출문제 자료를 찾는 것도 좋은 방법이다. 최근에 시험에 합격한 사람이 있다면 합격 노트까지는 아니더라도 기출문제 정도는 요청할 수 있을 것이다. 결국 수소문하고 발품 파는 노력이 필요하다.

대부분의 시·도 교육청 장학사 시험은 기획과 논술, 심층 면접으로 이루어진다. 일부에서는 특별히 교직 교양 시험을 치르기도 하고, 수업과 평가에 대한 관점을 파악하기 위한 시험을 치르기도 한다. 또 현장 실사나 포트폴리오 심사를 하는 곳도 있다. 이 책에서는 공통적으로 치르는 기획과 논술 및 심층 면접을 어떤 방향에서 준비해야 하는지 안내하려 한다.

기획 시험

기획 시험은 기획안을 작성하는 시험이다. 교육부 기획안과 시·도 교육청 기획안은 완전히 다른 형태다. 교육부 기획안은 기본 양식이 정해져 있어서 내용을 중점적으로 평가한다. 시·도 교육청은 기획안 양식이 주어지지 않는 경우가 많다. 그렇기에 해당 시·도 교육청 홈페이지에 가서 주요 부서의 기획안을 내려받아 그 틀을 파악하는 것이 필요하다. 기획안은 과별로 다르고, 실무자에 따라, 초등이냐 중등이냐에 따라 약간씩 차이가 있는데 되도록 최신의 것을 살펴보는 것이 좋다. 보통 기획안은 2쪽짜리부터 5쪽짜리까지 다양한 양식이 있다.[3] 학교에서 일반 교사는 기획안을 쓸 일이 거의 없지만, 부장교사가 되면 간혹 기획안을 쓰게 된다. 차이점은 교육청 기획안은 거시적인 관점이라면, 학교에서 쓰는 기획안은 교육과정, 학교행사(축제, 각종 대회 등), 교원 연수, 학부모 연수 등 단기적인 기획이 대부분이다. 당연히 교육청에서 쓰는 양식과 다를 수밖에 없다.

기획안 작성이 어려운 이유

학교에서는 교사들의 기획안이 평가받을 일이 거의 없다. 교장, 교감 선생님이 기획안을 꼼꼼히 봐주는 경우도 있지만 그렇지 않은 경우가 더 많다. 피드백이 없기에 자신이 기획안을 잘 쓰는지 못 쓰는지 판단하지 못한다. 부장 경력 10년이 넘은 교사도 기획안 작성법을 모르는 경우도 많다. 다만 학교 기획안에서도 예산과 관련된 내용은 대충 할 수 없다. 아마 이 부분은 행정실에서 수정을 요구할 때가 많았을 것이다. 이것은

---

3) 시·도 교육청별로 전년도 공고문을 확인한다. 전년도 공고문에 제시되어 있지 않다면 합격자나 응시자들에게 내용을 확인하는 것이 좋다. 매년 약간씩 경향성이 달라지는데, 가령 제안서 방식이 나올 수도 있고 기획안 방식이 나올 수도 있다. 페이지 수도 다르고 양식도 다르다.

행정실장이 까다롭게 굴기 때문이 아니라 예산집행과 관련된 것은 체계성이 떨어지면 감사에서 지적을 받기 때문이다.

이 대목에서 '교사들의 기획력이 얼마나 좋은데, 교사들을 너무 무시하는 것 아닌가?' 하는 생각이 들 수 있다. 바로 이 생각이 장학사 시험을 준비하는 데 걸림돌이 되기도 한다. 장학사 시험을 앞두고 조언을 얻고자 자신이 쓴 기획안을 가지고 온 분이 있었는데, 기획안이 무엇을 하고자 하는지 정확히 드러나지 않았고 연계성과 구체성도 미흡했다. 이런 부분을 지적하니 그분은 자신이 왜 이렇게 기획을 했는지 설명해주었다. 장학사 시험에서 기획안은 블라인드 채점을 한다. 당연히 설명할 기회가 없다. 그러므로 기획안 자체에 모든 것이 담겨 있어야 한다. 기획안의 목적이 무엇이고 왜 만들었는지가 잘 드러나도록 하는 것이 최우선이다. 그럴듯해 보이려고 기획안을 화려하게 만들거나 어려운 용어를 사용하여 만들어서는 안 된다. 교사나 교육자가 아닌 일반인이 봐도 이해할 수 있어야 하고, 누가 봐도 똑같이 해석할 수 있어야 한다. 보는 사람마다 다르게 해석할 수 있다면 잘못된 기획안이다. 쉽고 간결하게 육하원칙에 따라 무엇을 하겠다는 것이 명확하게 드러나야 한다. 간단히 정리하면 '쉽고 간결하게, 이해하기 쉬운 기획안을 작성할 수 있는지'를 보는 것이 기획 시험이다.

그런데 교사들이 왜 기획안 쓰기를 어려워할까? 무엇보다 경험해보지 않아서 그렇다. 기획안은 제목, 추진근거, 추진배경, 목적, 현황 및 시사점, 추진방침, 개요, 세부 추진계획, 예산, 중장기 발전 계획, 기대효과, 행정사항 등 여러 가지 형식적인 요소를 포함한다. 이러한 형식 요소는 기획안의 목적에 따라 생략되기도 하고 늘어나기도 한다. 원 페이퍼로 불리는 한 장짜리 기획안이라면 이 중 중요한 요소만 뽑아서 정리해야 한다. 원 페이퍼 기획안이건 50쪽짜리 계획서에 준하는 기획안이건 중요한 내용이 우선적으로 들어가야 하고, 사실을 근거로 명확한 목적과 취지가 드러나야 한다는 점은 변하지 않는다. 또한 제목, 내용, 세부 추진계획이 하나의 흐름 속에 유기적으로 연결되어야 한다. 끊어져서도 안되고, 파편적으로 분산되어서도 안 된다.

1쪽이든, 5쪽이든 읽는 이들이 모두 같은 해석을 하고 어떠한 취지로 무엇을 하겠다는 것을 동일하게 이해해야 한다. 수식어가 많은 화려한 기획안일수록 정작 중요한 내용이 빠지거나 본말이 전도되는 경우가 많다. 마치 현란하고 장황하게 말하는 사람의 발표가 유창성은 있지만 명확한 의미 전달이 되지 않는 것과 같다. 기획안의 목적은 기획자의 뜻을 정확하게 전달하는 데 있다. 제아무리 창의적인 내용이더라도, 기획자의 뜻이 기획안에 구체적으로 명시되지 않는다면 읽는 이에게 정확하게 전달될 수 없다.

중요한 것은 장학사 시험에서 기획안은 단지 합격용 '기획안'일 뿐이라는 점이다. 합격하기 위해서 작성하는 기획안, 그 이상도 그 이하도 아니다. 장학사 시험에서 1등을 했다고 우수한 장학사가 되지도 않고, 실제 장학사 시험처럼 기획안을 작성하면 장학관이나 과장에게 수정 피드백을 받을 수도 있다. 실제 적용, 집행되어야 할 환경을 고려하지 않은 기획안은 좋은 기획안이 될 수 없다.

　장학사 시험을 위한 기획안을 작성하려 한다면, 좋은 기획안 몇 개를 샘플로 하여 형식적인 요소들을 그 중요도에 따라 넣고 빼는 연습을 해야 한다. 이때 특히 중요한 것은 자신이 무엇을 목적으로 기획안을 쓰는지 의미 전달을 분명히 하는 일이다. 좋은 기획안을 많이 찾아 모두 출력해서 보는 이들도 있는데, 그 자체는 나쁘지 않지만 그런다고 기획안을 쓰는 실력이 늘어나는 것은 아니다. 실제로 기획안을 작성해보고 평가받는 일을 반복해야 실력이 늘어난다. 기획안을 작성하고 나서는 스터디 구성원이나 주변 사람들에게 읽혀보고 피드백을 받아야 한다.

명확한 내용을 쉽게 서술하라

　대부분의 교사는 학교에서의 경험만으로 기획안을 쓴다. 그러다 보니 기승전 학부모, 학생, 교사 등 교육 주체의 연수 강화가 결론이다. 예를 들어 '학교폭력 문제를 어떻게 해결할 것인가'가 기획안 문제로 나왔다고 생각해보자. 응시자 대부분이 기획안의 방향을 학교폭력이 많아지므로 학교폭력 예방을 위한 학부모, 학생, 교원 연수를 강화해야 한다는 것으로 잡는다. 그런데 이러한 해결법은 이미 실행하고 있기도 하고, 단위학교에서 해야 할 일이지 교육청 차원에서 시도할 만한 일은 아니라서 좋은 점수를 받기 어렵다.

　문제가 있으면 원인이 있고, 원인 분석도 다각도로 할 수 있어야 한다. 다각도로 문제를 바라봐야 다양한 해결책과 접근 방식을 찾을 수 있다. 또한 교육지원청에서 해야 할 역할인지, 시·도 교육청 단위에서 해야 할 역할인지를 명확하게 구분해서 써야 한다. 교육부의 경우에는 국가 단위에서의 기능과 유관 부처에서의 다양한 정책적 접근이 기획안에 담겨야 한다. 이렇듯 교육청 단위 기능, 조직 구성 등 메커니즘에 대한 이해 없이 접근한다면 절대 좋은 기획안을 만들 수 없다.

장학사 시험용 기획안에는 학습량, 정보량, 철학적 깊이 등이 담겨야 한다. 교육청 조직과 정책에 대한 이해, 어떻게 구현해나갈 것인지에 대한 정책적 접근 등이 있어야 한다. 법적인 부분과 조례, 정책연구나 설문조사, 여론 수렴 등의 방식도 있어야 하고, 시·도 교육청의 관점인지 교육지원청의 관점인지에 대한 구분도 있어야 한다. 그리고 각 기관별 역할에 따른 유기적인 연계도 있어야 한다. 가령 시·도 교육청이라면 시·도의회, 교원단체, 국회, 전국시도교육감협의회, 정책연구, 대토론회, 공청회, 토론회, 찾아가는 정책설명회, 교육지원청 담당자 협의회, 유관 부서 협의회, 지자체 연계 계획, 예산 계획, 로드맵 등이 나와야 한다. 이런 것들을 연결할지 말지, 언제 어디서 어떻게 연결할지, 실제 구현 가능성은 있는지 등을 파악하는 것도 능력이고 그것을 기획안에 넣을지 말지를 판단하는 것도 능력이다. 목적에 따른 정책 구현을 위해 사업 추진이 불가피한 경우 어떤 사업을, 어떤 목적으로, 어떤 시기에, 누구를 대상으로 할 것인지에 대해서도 명확하게 서술되어야 한다. 연습 이외에는 답이 없다.

여기서 또 하나 중요한 것이 '심사자가 누구냐'는 것이다. 심사자는 현직 장학사, 장학관이거나 장학사 출신 교감, 교장 들이 주를 이룬다. 드물긴 하지만 교육청에 대한 이해가 매우 높은 부장교사, 수석교사, 교감, 교장일 때도 있다. 시·도별로 내로라하는 사람들이 장학사 심사위원이 된다. 보는 눈은 거의 비슷하며 고사장별 편차도 별로 없다. 기획안은 여러 번 크로스체크를 통해 평가하며, 보통은 최고점과 최저점을 빼고 점수를 내는 것이 일반적이다.

기획안이 쉽게 쓰였는지를 확인할 수 있는 가장 좋은 방법은 기획안을 중고등학생이나 일반인에게 보여주는 것이다. 그들이 단번에 무슨 뜻인지 이해한다면 훌륭한 기획안이다. 그렇지 않고 내용에 관해 여러 번 질문한다면 그 기획안은 다시 써야 한다. 단순함으로 접근하는 것이 가장 좋다. 자신이 생각하는 것을 쉽고 정확하게 기획안에 구현해낼 수 있는지가 장학사 시험의 1차 관문인 기획안 평가의 가장 기본이다. 기본을 갖춘 해석이 잘 되는 기획안이라면 훌륭하다고 평가받을 수 있다.

누군가는 기획안 작성 능력을 왜 평가하냐고 질문할 수 있는데, 장학사가 하는 일 중 중요한 부분이 바로 공문과 기획안 작성이기 때문이다. 다양하게 해석될 수 있는 공문이나 기획안을 내보내서 현장의 혼란을 초래하거나 본인만 해석할 수 있는 기획안을 만드는 사람을 장학사로 뽑을 수는 없지 않을까. 이 책의 부록으로 시·도 교육청 장학사 그리고 교육지원청 장학사가 써야 하는 기획안 양식을 참고자료로 넣었다. 기획안 작성을 연습할 때 분명 도움이 될 것이다.

마지막으로 기획 시험이 얼마나 변별력이 있는지를 물어보는 사람들이 있는데, 생각보다 변별력이 높다. 일단 채점 불가에 해당하는 기획안이 과반 이상이다. 농담 같지만 실제 그렇다. 채점 불가에 해당하는 기획안은 앞서 언급한 문제를 가진 기획안들이다. 장학사 경쟁률이 5대 1이건, 4대 1이건 사실 교육청에서 원하는 준비된 인재는 생각보다 많지 않다. 현장 교사들이 '나 정도면 바로 장학사 직을 수행할 수 있어'라고 생각하는 것과 상반되는 측면이다.

일각에서는 만능틀을 만들 것을 권하곤 하지만, 나는 굳이 만들라고 하지 않는다. 다만 기획안 구성의 기본적인 요소들은 파악해두는 것이 필요하다. 사실 머릿속에 있는 것을 제안하고 기획하려면 일정 부분 구조화된 틀은 필요하다. 그러나 그 방식이 유연하지 않고 획일적이라면 중요한 부분을 빼놓을 수 있어 오히려 독이 될 수도 있다. 만능틀에 대한 의견은 뒷부분에서 조금 더 제시하겠다.

문제의 조건을 반드시 반영하라

기획안을 작성할 때 조건 반영은 상당히 많은 응시자들이 놓치는 부분이다. 보통 시험 응시자는 자신이 생각하는 창의적인 내용을 어떻게 녹여낼지에 집중하고 그것을 구현하는 방식에 초점을 맞춘다. 하지만 심사자들은 전체적인 맥락 속에서 구조화된 관점을 보고 싶어 한다. 심사자들은 시험 문제와 조건을 얼마나 잘 녹여냈는지, 문제에 대한 진단과 해법이 무엇인지, 교육청에서 구현 가능한지를 본다. 결국 이 세 가지를 어떻게 잘 구성해내는지가 합격의 당락을 좌우한다. 응시자들은 보다 많은 내용을 시험지에 적어 넣는 것에만 집중하기 쉬운데, 이렇게 하다 보면 본질을 놓치게 된다. 특히 여러 활동을 경험해보고 창의적인 생각을 많이 하는 이들이 이런 실수와 오류를 범한다.

또 자주 하는 실수 중 하나가 고민하지 않고 기획안 작성을 바로 하는 것이다. 어떠한 문제가 나오든 개요 작성을 포함하여 문제에 대한 분석을 최소 5~7분은 해야 한다. 시험지를 받자마자 바로 써내려가는 사람들이 많은데, 이런 방식으로는 좋은 결과를 얻기 어렵다. 현직 장학사들도 기획안은 구성과 개요 작성부터 시작한다. 여러 가지 고려 요소를 감안하고 심사숙고해서 기획안을 작성하고 또 수정한다. 장학사 시험에서는 보통 문제에 다양한 조건들이 있고, 심사자는 그 조건들을 기획안에 어떻게 녹여냈는지를 보게 된다. 그런데 기획안에 그 조건들이 빠져 있거나 출제자가 원하는 방향이 아닌 자신의 만능틀에 맞추어 써내려간다면 결과는 불 보듯 뻔하다. 만능틀은 시험을 준비하는 이들이 자신만의 기획안 양식을 만들어놓은 것인데, 그 안에는 여러 용어와 스킬이 녹아 있다. 하지만 이름과 달리 만능틀은 만능이 아니다. 만능틀은 문제의 조건에 맞게 유연하게 활용해야지 고정된 틀을 고집해서 사용할 것은 아니다.

마지막으로 기획 시험에 출제될 가능성이 있는 모든 주제에 대해서 한두 번씩은 기획안을 작성해볼 것을 추천한다. 같은 주제라도 미시적 혹은 거시적으로 접근해보고, 때로는 여러 쟁점들을 엮어서 복합적으로 접근해봐야 한다. 해당 시·도 교육청의 정책과 철학을 반영하기도 하고, 자신만의 창의성을 일부 엮어보기도 해야 한다. 다만 너무 창의적인 답안지는 현실성이 떨어질 수 있으므로 실현 가능한 수준에서 접근하는 것이 중요하다. 장학사 시험은 내가 준비가 되었다는 것을 보여주는 시험이란 것을 잊지 말아야 한다.

논술 시험

장학사 시험은 보통 1차 시험이 기획, 논술인 시·도 교육청이 많다. 1차에서 기획, 논술 심사를 마치고, 2차에서 심층 면접을 한다. 기획안 작성과 더불어 장학사 선발에 있어서 중요한 요소가 논술이다. 논술 시험의 배점은 시·도별로 다르지만 너무 신경 쓸 필요는 없다. 배점이 낮다고 안 하거나 소홀히 할 수는 없기 때문이다. 경험상 논술도 기획 못지않게 중요하다. 기획과 마찬가지로 논술도 개인의 역량에 따라 천차만별의 변별력이 생긴다. 그런데 기획은 공문으로 접할 기회가 있기 때문에 어느 정도 샘플이란 것을 볼 수 있다. 그런데 논술은 그런 샘플조차 찾을 수 없다. 상황이 이러니 더더욱 사교육에 의존하게 된다.

정책논술의 특징을 이해하라

장학사 시험의 논술은 정책논술이다. 대학 입시 때 배웠던 논술이나 사람들이 쓰는 수필, 석·박사 학위를 위해 썼던 논문과도 사뭇 다른 방식이다. 정책논술이 아닌 일반논술의 방식대로 쓰면 탈락이 불가피하다. 자신의 박사 학위 논문 주제와 관련된 문제가 나와서 자신 있게 썼으나 떨어진 웃지 못할 사례도 있다. 정책논술은 연구논문과도 다르다. 국어 교사나 글을 좀 써본 교사들은 논술에 유리할 것이라고 생각하기 쉬우나 전혀 그렇지 않다. 오히려 자신이 글을 잘 쓴다는 생각이 정책논술을 망치는 원인이 되기도 한다.

장학사 시험에 나오는 논술은 정답의 방향이 어느 정도 정해져 있다. 많은 창의성을 요구할 것 같지만, 꼭 그렇지도 않다. 기본적이고 형식적인 요소들이 들어가야 한다. 시험에 합격한 사람들의 논술에 대한 공통적인 생각은 기획안에 살을 붙인 것과 같다는 것이다. 논술도 기획과 마찬가지로 문제가 주어지고 조건이 주어지면 분석을 하고 대안을 제시해야 한다. 주어진 문제와 조건을 정확히 이해하여 육하원칙에 따라 쉽고 명확하게 서술했는가가 중요한 채점요소다. 또 기획보다는 약간 더 거시적인 측면이 강조되기도 한다.

정책논술은 형식이 따로 정해져 있지는 않지만 '들어가며(서론), 현황 및 문제점, 정책제안(대안), 나가며(결론)'의 형식이 일반적이다. '들어가며'에서는 진단 내용을 서술해야 한다. 국가적인 상황, 시 · 도 교육청의 상황, 지역적 상황(조건에 따른), 언론이나 여론에서 바라보는 문제점과 데이터 등이 고르게 들어간다. '현황 및 문제점'에는 구체적인 내용에 대한 분석이 들어간다. '정책제안'에서는 구체적인 내용 분석에 대한 대안적 성격의 정책들이 들어간다. '현황 및 문제점'과 '정책제안'은 보통은 '첫째, 둘째, 셋째'의 방식으로 쭉 이어서 나가는 방식을 사용한다. 당연히 현황 및 문제점과 정책제안(대안)은 내용이 연결되게 쓰는 것이 좋다. 물론 예외는 있을 수 있다. '나가며'에서는 앞으로 어떻게 해야 할지 로드맵이나 전망,

과제, 해당 시 · 도 교육청의 전략 등을 제시한다. 때문에 교육청에 대한 이해도가 없으면 논술 시험에서 좋은 성적을 거두기가 어렵다.

논술할 때는 철학적 깊이와 방향이 중요하다. 또한 글이 매끄럽게 이어지느냐도 중요하다. 흐름이 끊기거나 앞과 뒤가 달라져도 안 된다. 내용은 한눈에 알아볼 수 있도록 구조화되어야 한다. 교육청에서 단독으로 구현하기 어려운 정책이나 교육 주체들의 반발을 살 수 있는 급진적인 정책을 제시하는 경우, 정책에 대한 몰이해로 사업성 정책만 나열하는 경우, 또 과도한 예산이 필요한 정책의 경우는 좋은 방식의 접근이 아니다.

또 논술할 때는 수식어나 감상적인 언어는 가급적 지양하는 것이 좋다. 데이터 인용은 설문이나 통계 자료, 언론이나 교원단체 등의 보도자료 등이 적당하다. 외국학자나 유명 인사의 말, 책의 문구 등은 넣어도 좋지만 남발하면 의미가 퇴색하거나 본인 주장이 없어 보이기도 해서 독이 될 우려가 있으니 신중하게 사용하는 것이 좋다. 자신이 주장하는 내용은 근거를 중심으로 말하는 것이 좋다. 그리고 일반 사람들이나 교육청에서 동의하기 어려운 내용들이 주를 이루어서는 안 된다. 구체적이고 객관적이어야 한다.

비슷한 유형의 글을 읽고 연구하라

논술 문제에 대해 열심히 설명을 했지만 예시 자료가 없다면 이해하기 어려울 것이다. 보통 정책논술과 비슷한 유형의 글은 토론회나 공청회의 발제문이나 토론문이다. 교육정책과 관련된 토론회나 공청회 자료, 해당 쟁점(정책)에 대한 연구기관의 자료를 읽다 보면 어느 정도 감이 올 것이다. 많이 볼수록 감은 더욱 명확해진다.

이 책의 3장에 논술 시험에 도움이 될 만한 최근 교육정책 이슈에 관한 글을 모아놓았다. 그동안 토론회나 칼럼 기고를 위해 쓴 글이다. 물론 장학사 시험을 위한 최적의 논술 샘플은 아니지만 방식과 내용은 참고용으로 유효할 것이라 생각한다. 이 글들은 목적과 취지 등 명확한 방향성이 있다. 논술은 목적과 취지에 대한 방향성이 일관되어야 하고, 군더더기가 없어야 한다. 이는 단기간에 터득하기 어려운 능력이다. 참고로 잊지 말아야 할 것은 논술의 내용이 해당 교육청의 시책이나 정책의 방향과 어느 정도 맞아야 한다는 점이다. 개인적으로 동의하지 않는다고 반대하는 내용만 쓸 것이라면 해당 교육청 장학사에 도전하지 않는 것이 나은 선택일 것이다. 장학사는 본인의 뜻에 맞지 않아도 소속 기관의 정책을 관철시켜야 하는 사명을 가지기 때문이다.

논술 시험 준비에 도움이 될 만한 글에는 어떤 것이 있을까? 먼저 교육정책과 관련된 책들, 중앙정부의 국정과제와 관련된 토론회나 공청회 자료가 있다. 여기에 각종 정책연구들, 각종 교육 관련 컬럼들, 최근 2~3년간 교육 관련 언론기사들도 도움이 된다. 수시로 교육 관련 언론기사를 챙겨 보고 흐름을 놓치지 않는 것도 중요하다. 언론기사에는 각종 데이터들도 나오니 잘 모아놨다가 인용하는 것도 좋은 방법이다. 또한 시·도 교육청이 추진하는 주요 정책(시책)들도 반드시 챙겨 읽어두어야 한다. 그리고 이 자료의 내용을 기억하는 것도 중요한데, 스터디원들이 돌아가면서 문제를 출제하며 공부하는 방법을 추천한다.

논술도 기획과 마찬가지로 같은 내용을 가지고 적게는 1쪽, 많게는 10쪽 정도를 유연하게 쓸 수 있어야 한다. 분량에 맞춰 머릿속에 구조화하고 그것을 끄집어낼 수 있는 것이 능력이다. 역량을 갖춘 이들은 조건을 탓하지 않는다. 조건이 아무리 까다로워도 거기에 맞춰서 결과물을 낼 수 있는 것이 진짜 능력이기 때문이다. 실제 장학사 업무를 수행하다 보면 척박한 환경 속에서 일을 완수해야 하는 경우가 많다. 그런데 생각해보면 교사들 역시 척박한 환경 속에서 아이들을 가르치고 있지 않은가? 결국 교사라면 누구나 장학사 논술 시험에 응시할 수 있고, 일정 부분 팁만 알고 연습하면 합격할 수 있다는 이야기다.

심층 면접

장학사 시험은 1차 기획과 논술 평가와 2차 심층 면접으로 이루어진다. 장학사 시험에서 당락을 좌우한다고 알려진 심층 면접을 진행하는 이유는 다양하다.

우선 장학사는 대중 앞에 설 기회가 많다. 다양한 행사에서 사회를 보고 정책을 발표하고 회의를 진행한다. 청중에게 제공할 발표 자료도 잘 만들어야 하고 내용도 분명하게 전달해야 한다. 업무와 관련한 강의나 정책설명회도 자주 있다. 특히 교육과정이나 학교, 유관 기관과 관련된 일들이 많기에 학부모들, 교육에 관심 있는 대중들, 유관 기관 종사자들

앞에서 발표할 일이 많다. 토론회나 공청회도 종종 열리는데 거기에서도 발표 기회가 주어진다. 장학사는 공인이라는 말이 어울린다. 공적인 석상에서 공적인 업무를 수행하면서 그 지역(시·도 교육청, 교육지원청)을 대표하는 얼굴이 된다. 싫든 좋든 그런 역할을 할 수밖에 없다. 장학사는 주무관과 마찬가지로 실무진이지만 큰 차이가 있다면 바로 대중적인 활동들이다. 국회 토론회나 언론에도 종종 등장할 계기가 생긴다. 이렇게 대중들 앞에 자주 서게 되면 그만큼 더 성장할 수 있다.

때문에 장학사의 말하는 능력, 표현하는 능력은 무척 중요하다. 또 대중적인 말과 글을 사용하는 능력도 필요하다. 담당한 업무 관련 내용을 얼마나 잘 알고 있는지도 중요하지만, 교육철학이 있는지, 공감능력이 있는지, 똑같은 내용을 어떻게 보다 쉽게 표현하는지, 적절한 화법과 제스처를 사용하는지, 소통능력이 있는지도 중요하다. 여기에 더해 해당 시·도 교육청의 교육정책에 대한 이해, 시책에 대한 이해, 얼마나 그 시책이나 정책을 내면화하고 있는지도 중요하다.

가장 큰 변별력을 가진 심층 면접

심층 면접은 장학사 직을 수행할 자질이 있는지를 직접 대면해서 평가하는 과정이므로 어찌 보면 1차의 기획, 논술 시험보다 훨씬 중요하고 가장 큰 변별력을 가진다고 생각할 수 있다. 이는 장학사 출신 심사위원들이 후배들을 직접 만나는 자리이기도 하다. 1차에서 보통 2배수 내외의 합격자를 선발하는데, 1차의 결과를 2차에서 뒤집을 가능성도 충분하다. 그러므로 1차 시험의 결과에 연연하지 말고 제로베이스 평가라 생각하고 심층 면접에 최선을 다해야 한다.

심사위원들은 본인들이 장학사를 경험하였기 때문에 매의 눈으로 장학사 자질을 갖추었는지를 판단하는데, 대부분 비슷한 의견이 나온다. 개인적으로 심층 면접을 준비하는 이들에게 항상 이야기하는 것이 있다. 면접을 전현직 장학사 출신들이 한다는 사실이다. 심사위원들은 응시자가 준비된 장학사인지를 확인하려 한다. 어떤 분야에 탁월한지, 어떤 활동을 했는지는 중요하지 않다. 그보다는 교육청에 대한 이해, 조직에 대한 이해, 정책에 대한 이해, 시·도 교육청 교육철학에 대한 이해를 확인하는 것이 더 중요하다. 장학사에게는 교사로서의 경험보다는 녹록지 않은 장학사 역할에 필요한 준비와 자질이 더 중요하다. 즉, 교육청이란 조직과 장학사의 업무에 대해 얼마나 이해하고 잘할 수 있는가가 합격의 기준이 된다.

아쉽게도 실제 심층 면접에서는 응시자 대부분이 기본 시책을 구구단처럼 줄줄 외워서 말한다. 하지만 그것보다는 자신의 언어로 이야기하는 것이 훨씬 압도적인 점수를 얻는 길이다. 여기에 유창성과 철학이 바탕이 되면 더욱 좋다.

효율적으로 말하기를 연습하라

심층 면접에서는 제한된 시간 안에 대답해야 한다. 그리고 말하는 속도는 평소의 1.2배속 정도가 좋다. 너무 느린 말투는 심사위원을 힘들게 하고, 제한된 시간 안에 하려는 말을 다하지 못할 우려가 있다. 또한 정확하게 핵심과 요점만 말하고, 근거를 들어가면서 이야기하는 습관을 가져야 한다. 사실 심사위원들은 응시자의 답변을 1~2분 정도만 들어도 그 사람이 합격할지 불합격할지 어느 정도 감이 온다. 말투가 어눌하거나 느린 사람은 화법을 고쳐서라도 심사위원에게 깊은 인상을 주어야 한다. 심층 면접을 연습할 때 녹음해서 들어보고, 여러 사람에게 피드백을 받는 방법을 활용하면 좋다.

교사가 말을 하는 직업이라 그런지 자신의 의견을 말하는 것은 대부분 일정 수준 이상이다. 긴장하지 않는다는 전제하에 그렇다. 그런데 심층 면접에서는 많은 응시자들이 긴장한다. 그렇기에 면접에서 긴장하지 않으려면 다양한 대상에게 말하는 연습을 하는 게 좋다. 예를 들어 가족, 동료교사, 일반인, 관리자 등을 앞에 두고 말하는 연습을 하는 것이다. 여러 부류의 사람들 앞에서 유창하게 말하는 연습을 많이 한다면 실전에서도 잘할 수 있다.

그리고 기획이나 논술처럼 주어진 시간에 맞춰 중요한 내용을 압축적으로 전달할 수 있어야 한다. 아무 말이나 유창하게 한다고 평가를 잘 받는 것이 아니다. 짧은 시간 안에 머릿속에 완벽하게 구조화된 내용을 만들고, 그것을 어떻게 효율적으로 전달할지에 대해 고민하고 연습해야 한다. 먼저 결론부터 말하고 다양한 사례와 근거, 방식과 전략을 제시해야 한다. 개인적인 이야기는 아예 삼가는 것이 좋다. 심사위원들이 나의 배경이나 개인사에 관심이 있을까? 전혀 그렇지 않다. 결국 제한된 시간 내에 심사위원들을 설득할 수 없다. 일반화되지 않는 개인의 경험이기 때문이다. 그렇다고 자료나 통계에 너무 의존하면 내 이야기를 놓칠 수도 있다. 적당한 선이 필요하다.

그렇다면 내가 효율적으로 말한다는 사실을 어떻게 확인할 수 있을까? 내 말을 녹음해서 들어보면 된다. 심사위원들은 면접 시 응시자를 바라보기도 하지만 아예 고개를 숙이고 시선을 마주치지 않는 경우도 많다. 그러면 응시자는 굉장히 당황하게 된다. 시선을 맞출 곳이 없기 때문이다. 이를 대비해 벽을 보고 같은 질문에 대한 답변을 1분, 3분, 5분, 10분 길이로 녹음해서 들어보는 것이 좋다. 당연히 원고 없이 해야 한다. 메모를 보며 말하는 습관이 있다면 당장 그만두고 머릿속에 메모하는 습관을 길러야 한다. 이런 연습을 계속하다 보면 노하우가 생기고, 화법, 말투, 제스처까지 생각할 여유를 얻을 수 있다. 머릿속으로 계속 어떻게 말하는 것이 효율적일지 생각해야 한다. 학생들에게 강의하는 것과는 완전히 다르다. 강의하듯이 하면 좋은 점수를 받을 수 없다. 구체적이고 명확한 언어로 효율적으로 표현하는 것, 그것이 바로 심층 면접에서 높은 점수를 얻을 수 있는 비결이다. 그리고 말할 때 자연스러운 제스처를 사용하는 것도 좋다. 하지만 이것이 인위적인 태도가 된다면 삼가는 것이 낫다.

일부 시·도 교육청에서는 기획과 논술, 심층 면접 외에 토의·토론 시험을 실시하기도 했는데, 최근에는 토의·토론 형식화 문제로 사라지는 추세라 여기서는 언급하지 않았다. 또 2차 심층 면접 이후에 현장 실사나 온라인 평가를 하는 경우도 있는데, 이는 통과/불통과의 개념일 뿐이다. 결국 2차 심층 면접이 실질적인 최종 관문인 경우가 많다. 온라인 평가나 현장 실사는 평소에 잘해야 하는 영역이라 특별한 팁은 없다. 학교 일이나 동료 관계에 있어 최선을 다하면 되지 않을까 싶다.

　　마지막으로 장학사 시험 준비보다 더 중요한 것에 대해 이야기하고 싶다. 예전에 장학사 시험에 대한 조언을 구하며 나를 찾아온 교사가 있었다. 면접에 관한 팁을 알려주었더니 "뭐, 그 정도는 저도 알고 있는데요."라고 했다. 당시에는 "그렇죠. 다 쉬운 이야기고 알고 있는 것들이죠."라며 웃고 말았지만, 솔직히 불쾌했다. 그는 장학사 시험에서 합격했을까? 머릿속으로 생각하는 것과 실전은 다르다. 남들이 다 쉽게 하는 것 같아도 그 이면에는 수많은 노력의 시간이 숨어 있다. 심사위원들은 응시자의 자세에 주목할 것이다. 교육청에서 요구하는 것 중 하나가 장학사의 태도와 인성이기 때문이다. 장학사의 태도와 인성은 어쩌면 그의 지식과 능력보다도 중요한 부분일 수 있다. 이는 장학사의 주요 업무인 민원에 대한 대응, 현장에 대한 대응을 잘 해내기 위해서도 꼭 필요한 것이다.

2장

전문성 있는
장학사로 성장하기

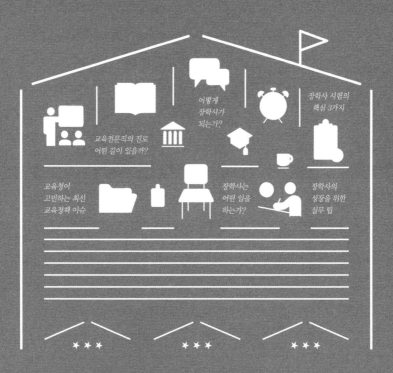

교육전문직의 진로
어떤 길이 있을까?

어떻게
장학사가
되는가?

장학사 시험의
핵심 3가지

교육청이
고민하는 최신
교육정책 이슈

장학사는
어떤 일을
하는가?

장학사의
성장을 위한
실무 팁

★★★　　★★★　　★★★

장학사가 되면
알아야 할 것들

1.

슬기로운 장학사 생활

시·도 교육청 장학사가 된 이후에는 특별한 일이 없으면 5년 이상 장학사로 근무하고 그 이후 교감으로 전직한다. 이는 교사에서 장학사가 된 경우이고, 교감에서 장학사가 된 경우에는 3년 근무 후 교장으로 전직한다. 이것이 일반적인 순서다. 교사가 장학사 시험에 합격하면 5년 이상 근무해야 하는 것은 상위법에 명시되어 있지만, 실제로 얼마 동안 근무할 것인지는 시·도 교육청의 상황에 따라 상이하다. 수급 상황이 좋다면 5년 만에 교감 전직이 가능하나, 상황이 좋은 곳이 그리 많지 않아서 6~7년을 근무하는 경우가 더 많다. 또 초등, 중등, 유아, 특수 중 어느 쪽인지에 따라 8년 이상 근무하는 경우도 있다. 한편 교육감직선제 이후 장학사 임용, 연수, 운영에 대한 모든 권한을 시·도 교육감이 가지고 있다. 이제 장학사의 생활에 대해 구체적으로 살펴보자.

장학사 연수

장학사가 된 후 받는 연수 중 의무인 것은 교육전문직원 신규임용 예정자 연수(이하 '합격자 연수') 외에는 없다. 이것은 국가직 공무원인 교사도 마찬가지다. 그 외 각종 연수는 선택이지 의무는 아니다.

시·도 교육청 장학사는 발령과 동시에 지방직 공무원으로 전환되어 시·도 교육감 소속으로 바뀐다. 합격 후 받는 합격자 연수는 2010년까지는 장학사가 국가직이었기 때문에 교육부 차원에서 전국 17개 시·도 교육청 장학사들을 모아서 실시하였다. 그러나 이후로는 시·도 교육청 재량으로 바뀌어 자체 기준에 맞춰 운영하고 있다. 합격자 연수를 자체적으로 실시하는 시·도 교육청도 많고, 교육부 차원의 연합 연수에 참여하는 시·도 교육청도 있다. 소규모 시·도 교육청은 자체 연수를 만들 필요성을 느끼지 못해서 혹은 중앙 단위와 교류하기 위해 연합 연수에 참여한다. 또 합격자 연수 과정 중 일부는 뜻이 맞거나 가까운 시·도 교육청들이 권역별로 모여 같이 일정을 운영하기도 한다.

합격자 연수의 총 운영 기간은 대략 2~3주 정도다. 일반적으로는 시·도 교육청 소속 연수원에서 주관하며, '교육전문직원 신규임용 예정자 연수'라는 명칭으로 운영된다. 때로 연수와 임용 시기가 맞지 않으면 일단 발령을 받은 후 합격자 연수를 받는 경우도 있다.

합격자 연수는 교육철학, 시·도 교육청의 교육정책, 행정, 재정 등 기능적인 내용에 대한 과정과 선배와의 만남, 문화예술, 힐링 등의 과정으로 운영된다. 한창 합격의 기쁨을 누리고 있을 때라 서로 장난삼아 김 장학사, 이 장학사, 최 교감, 박 교감 등으로 부르는데, 연수를 진행하는 사람들은 장학사님이라고 불러준다. 연수는 경직된 분위기는 아니고 좀 들떠 있는 게 사실이라 학습에 집중하기가 조금 어렵긴 하다. 발령 예정자들이 현직 교사인 것을 감안하여 방학 기간인 1월이나 8월에 실시하는 것이 일반적이다. 연수 과정 중에 만나는 선배들이 종종 지금이 가장 행복할 때라고 이야기하는데, 그게 사실이다. 발령 이후에는 적응하느라 정말 바쁘다.

합격자 연수 외에 의무 연수는 사실상 없다. 시·도 교육청에서 학기당 한두 번 전체 교육전문직원을 모아 연수하는 곳도 있고, 분기별로 특색이 있는 테마를 잡아서 운영하는 곳도 있다. 이는 일회적인 워크숍 형태의 연수이지 체계적인 연수는 아니다. 그 외에는 현장 교사와 같이 자율적으로 선택해 듣는 직무연수가 대부분이다. 1년에 60시간까지 성적으로 들어간다. 점수가 미미하여 아예 연수를 받지 않는 사람도 있으나, 가능하면 놓치지 않는 것이 좋다. 특히 교감 자격을 얻기 위해서는 성적이 나오는 연수 하나와 한국사 연수(60시간) 정도는 꼭 받아야 한다. 성적은 95점 이상이면 좋으나 꼭 그래야 하는 것은 아니다.

장학사의 성장은 연수 시스템으로 이루어지지 않는다. 관련 연구에도 몇 번 참여한 적이 있는데, 장학사는 재직 기간이 짧아 그 기간 중 연수를 받는 것을 특혜라고 보는 경향이 있다. 가령 많은 시·도 교육청에 한국교원대학교의 장학사 대상 학위과정(석사)을 운영하는 파견 연수제도가 있다. 1년 동안 유급으로 석사과정을 들을 수 있는 기회인 데다 교육경력도 인정해주니 젊은 장학사들 중에는 희망하는 이들도 꽤 있다. 선발 인원은 시·도에서 1년에 1~2명 정도다. 그런데 이후에 교감 자격 지명이 늦어지거나 장학사를 의무적으로 더 수행해야 하는 시·도 교육청도 있어 경쟁률은 생각보다 높지 않은 편이다. 장학사들이 대부분 석사학위가 많이 있어서 그런 것도 있지만, 파견을 다녀올 만한 여유가 없거나 조직에서 눈치가 보여서이기도 하다. 또한 파견이 끝난 후에 어디로 발령이 날지 애매해지는 것도 경쟁률이 높지 않은 이유 중 하나다.

장학사 시작 단계에 수습기간을 두어야 한다는 목소리도 있다. 하지만 수습기간을 둔다는 것은 발령받자마자 바로 업무를 시키지 않고 일정기간 보조(인턴) 인력으로 활용해야 하는 것인데, 교사도 수습기간이 없는데 장학사가 수습이 필요하냐는 인식이 강하고 장학사의 인원이 워낙 적고 일이 많은 상황이라 실현 가능성은 매우 낮은 편이다. 과거 비슷한 맥락에서 발령 전에 파견교사 신분으로 일정기간 교육청에서 근무하게 하는 시·도 교육청이 있었는데, 취지가 왜곡되다 보니 확산되지는 않았다. 현재도 일부 시·도 교육청에서는 필요할 경우 활용하고 있다. 한편 일부 시·도 교육청에서는 파견교사에 대해 상급기관인 교육부나 감사원에서 자꾸 지적을 받다 보니, 인턴장학사 형태로 장학사에 합격하여 대기 중인 교사들을 근무하게 하는 경우도 종종 있다.

장학사 발령

장학사를 준비하는 이들이나 장학사에 합격한 이들은 어느 곳으로 발령이 날지 가장 궁금해한다. 어떠한 방식으로 어떻게 발령이 이루어지는지 모르기 때문이다. 주변에 물어물어 발령지와 발령 시기를 예측하나 번번이 틀린다. 장학사의 발령 시스템에 대한 기본적인 정보는 다음과 같다.

발령 시기

장학사 발령은 교사들과 동일하게 3월 1일과 9월 1일 정기 발령이 일반적이다. 중간 발령이 있긴 하나 아주 예외적인 경우에만 발생한다. 예외적인 경우란 전임자의 휴직, 의원면직이나 사직, 사망, 파견, 조직 개편이나 조직 신설, 교육부 파견 등이다. 장학사는 합격자가 발표되는 시점부터 발령을 준비하면 된다. 보통 장학사는 1년에서 1년 반 정도의 기간에 필요한 인원을 인사담당 부서에서 계산하여 선발한다. 가령 어떤 시·도에서 총 40명(중등 20명, 초등 20명)을 선발하였다면 한 학기에 초등 7~10명, 중등 7~10명 정도가 발령 나는 셈이다. 예를 들면 10월에 전형을 실시하여 11월에 합격자를 발표한 경우, 우선 3월 1일 자로 초등 8명, 중등 8명 정도의 발령이 나고 9월 1일 자에도 비슷한 규모의 발령이 이뤄진다. 발령 순서는 합격자의 성적순이다. 다만 전문 전형이나 임기제 전형 등은 우선적으로 발령이 날 수 있다. 발령지는 지방직 공무원이기에 기본적으로 취지와 목적에 따라 발령을 내고 주소지를 일부 고려할 수도 있다.

한 기수가 1년을 넘어 1년 반 또는 2년까지 발령일에 차이가 나기도 한다. 예를 들어 같은 기수의 합격자인데 2023년 3월 1일에 발령 나는 사람도 있고 2025년 3월 1일에 발령 나는 사람도 있을 수 있다. 소수의 인원만 선발하는 시·도 교육청에서는 종종 있는 일이다. 장학사 시험에 합격한 뒤 예상보다 늦게 1~2년 있다가 발령이 난다면 본인은 물론 학교도 힘들 수밖에 없다. 학교에서는 바로 발령받을 줄 알고 담임에서 배제하고 비교적 수월한 업무를 배정했는데, 발령이 자꾸 미뤄지니 답답한 상황이 계속되는 것이다. 때문에 인사담당 부서에 언제 발령이 날지 문의하지만 정확한 답은 주지 않는다. 인사담당 부서도 예측 불가능하기도 하고 확답을 했다가 발령일이 바뀌는 상황이 발생할 수 있기에 신중을 기하는 것이다.

장학사들은 발령도 중요하지만 발령 후 장학사 근무 경력이 더 중요하다. 장학사를 몇 년 수행했느냐에 따라 교감 자격을 받아 전직될 해가 예측 가능해지기 때문이다. 같은 기수의 발령이 2년 이상 차이가 벌어진다면 현장에서는 같은 기수인지 선후배 기수인지 헷갈리기 일쑤다. 때로는 후배 기수들이 먼저 교감 발령이 나기도 한다.[4] 이처럼 발령일이 1년

---

4) 이는 전문 전형, 임기제 전형, 교과에 따른 특수성 때문이다. 초등과 중등의 경우 보통은 초등이 먼저 발령이 나는데, 초등은 과목 없이 등수로만 배정하고 중등은 과목을 고려해 업무를 배정해야 하기 때문이다.

이상 차이가 나는 바람에 장학사들 사이의 관계가 애매해지는 사례도 종종 있다.

발령지

발령 시기도 중요하지만 현실적으로 더 중요한 것이 바로 발령지다. 이것이 자택에서 출퇴근이 가능할지 여부를 결정하기 때문이다. 그런데 이것 역시 인사발표가 나야 알 수 있는 것이 현실이다. 교사들처럼 장학사들도 내신을 내서 합리적이고 예상 가능한 방식으로 근무지를 옮길 수 있을까를 궁금해하기도 하는데, 그런 제도가 있는 시·도 교육청은 많지 않다.

장학사들의 첫 발령은 신규교사들의 발령 시스템과 같다. 경력자들에 비해 비선호지에 발령이 나는 것이다. 교사들의 학교 발령 순서는 관외 경력교사, 관내 경력교사, 타 시·도 전입 경력교사, 신규교사 순이다. 당연히 신규교사는 후 순위여서 인기 없는 비경합지로 갈 수밖에 없다. 장학사도 크게 다르지 않다. 시·도 교육청 경력직 장학사, 지역교육청(또는 직속 기관) 경력직 장학사를 먼저 배치하고 남는 곳에 신규 장학사를 배치한다. 장학사는 근무지가 많지 않을뿐더러 신규 장학사가 갈 수 있는 곳은 거의 정해져 있다. 시·도 교육청마다 성적이 높은 합격자를 우선 발령 내는 것은 맞지만, 같은 날 발령받는 사람들이라도 어떤 기준으로 어느 기관으로 가게 될지 예측하기 어렵다. 또 본청에 있는 장학사의 경우에는 언제 어디로 차출될지 모른다. 결국 장학사 인사 이동은 예측 불가능한 경우가 더 많다. 솔직히 말해 장학사에 도전 중이거나 합격 후 대기 중인 사람들은 발령지에 관해서는 일정 부분 마음을 비워놓는 것이 낫다고 생각한다. 운이 좋으면 자택에서 통근 가능한 범위일 것이고 운이 나쁘면 그것이 어려울 가능성이 크다.

한편 중등의 경우에는 과목을 고려하거나 업무별로 관련 분야의 경험(TF나 관련 학위나 연구 등)을 고려하여 발령이 이뤄질 수도 있다. 아주 예외적으로 첫 발령이 시·도 교육청 본청일 수도 있다. 이는 특정 분야의 전문성을 인정받아야 하고, 본청에서도 그 분야의 특수성을 인정해야 하므로 일반적이지는 않다. 장학사들은 흔히 본청 근무를 권력이나 명예와 연결지어 생각한다. 본청은 지역교육청이나 직속 기관을 아우르고, 해당 시·도 교육청 아래 여러 기관과 학교에 영향을 끼칠 정책을 만든다. 따라서 그 자리는 견뎌야 하는 책임감의 무게가 상당하다. 만약 이를 감당할 역량이 되지 않는다면 그들이 치러야 하는 대가는 혹독하다. 심하면 낙하산이라는 오명을 뒤집어쓸 가능성도 있다.

어쨌든 장학사 발령은 때가 되면 모두 이뤄진다. 어떤 곳으로 가든 교사직과는 다른 방식의 행정과 정책을 경험한다. 좋고 나쁘고를 따질 겨를도 없이 정신없는 새로운 세상을 경험하게 된다. 교사 경력 20년쯤 되는 이들이 장학사에 합격하는 것이 일반적인데, 그렇더라도 지금까지 교사로서의 경험은 잊는 것이 좋다. 발령 나는 순간 신규 장학사들은 그냥 아무것도 모르는 햇병아리에 불과하다. "여긴 어디, 나는 누구?"라는 말이 절로 나온다. 업무와 관련해 적당히 알고 있다면 깨끗이 잊고 새롭게 시작하는 것이 좋다. 처음 배우는 자세로 임해야지, 좀 안다고 우습게 생각거나 주변인들의 충고를 듣지 않는다면 결국 힘들어지는 것은 본인이다. 주변에 신경을 써주는 사람이 있으면 고마울 따름이고 조언까지 해준다면 깊이 새겨들어야 한다. 하지만 현실은 대부분 혼자 알아서 해결해야 하는 분위기다.

첫 발령지에서 2~3년 정도 근무하다 보면, 집 근처의 직속 기관이나 지역교육청으로 발령받을 기회가 생기며 일부는 역량에 따라 자연스럽게 시·도 교육청 본청으로 들어가기도 한다. 물론 알아서 발령을 내주지는 않는다. 관련한 전문성을 입증받거나 자신이 얼마나 그 역할을 수행하는 데 적합한지를 외부에 알려야만 발령의 기회를 얻을 수 있는 것이다. 물론 그것을 입증하는 방식은 천차만별이다. 정치력으로만 승부하는 이들도 있고, 역량만으로 승부하는 이들도 있고, 둘을 적절히 활용하는 사람들도 있다. 모든 것이 일장일단이 있다. 개인적인 경험상 정치력으로 승부하는 방식은 한계와 부작용이 분명 존재한다.

시·도 교육청 본청을 모든 장학사들이 선호하는지를 궁금해하곤 하는데 정답은 '사람마다 다르다'이다. 좀 더 많은 영향력과 역할을 꿈꾸는 사람은 본청을 선호하고, 그냥 조용히 지내다가 교감, 교장이 되고 싶은 사람은 본청을 기피한다. 본청의 업무 강도가 지역교육청보다 센 것은 확실하다. 그렇기에 본청에서 근무하는 장학사들은 스트레스에 많이 노출되어 지병을 달고 살기도 한다. 그럼에도 불구하고 새로운 세계를 경험하고 싶은 마음에 도전장을 내미는 이들은 꾸준히 존재한다.

복지 및 휴직

장학사도 지방직 공무원이기에 지방직 공무원이 할 수 있는 것들은 다 할 수 있다. 국가직 공무원과 지방직 공무원은 근무 형태나 근무 방식은 큰 차이가 없다. 다만 지방직 공무원들에게는 해당 지자체장이 조례에 의해 추가하는 것들이 있다. 일단 연가, 병가, 특별휴가는 일반교사들과 다르게 비교적 자유롭게 쓸 수 있다. 규정은 그렇지만 업무 강도가 생각보다 세고 공백이 있어서는 안 되는 업무가 많다 보니 쉬고 싶을 때 마음대로 쉴 수는 없고 교육청의 비수기인 1월이나 8월에 자유롭게 쓰는 것이 일반적이다. 조퇴, 병조퇴 등도 사용할 수는 있으나 부서의 상황이나 상급자의 성향에 따라 약간씩 다르다. 사전 허가를 요구하는 부서나 상급자도 있고 자유롭게 허락해주는 곳도 있다. 이는 학교 관리자에 따라 학교 근무 상황이 다른 것과 유사하다.

일반적인 연가, 병가 외에도 지방직 공무원이다 보니 특별휴가가 생각보다 많다. 시·도 교육청별로 상이하므로 관련 규정을 찾아보기 바란다. 육아를 이유로도 특별휴가를 쓸 수도 있지만 아직까지는 쓰는 사람을 본 적이 없다. 물론 장학사들의 평균연령이 높아서 육아를 위해 특별휴가를 쓸 이유가 없다고 생각하는 사람들도 있겠지만, 젊은 장학사들도 아예 쓸 생각을 하지 않는다. 교사와 다르게 신경 쓰이는 분위기가 있다. 그럼에도 만약 쓰려 한다면? 법적으로는 전혀 문제가 되지 않지만, 조직 내에서 업무 갈등으로 인한 불협화음이 생길 수도 있다. 누군가 그 공백을 메워주고 민원 전화를 대신 받아야 하기 때문이다. 장학사는 그 수가 적어 존재감이 있다. 때문에 사소한 행동도 쉽게 조직 내에서 문제가 되고 소문이 돈다. 소문에 일일이 신경 쓸 필요가 없기는 하지만 굳이 소문의 주인공이 될 필요도 없다. 그러니 상식적인 수준에서 일하는 것을 추천한다. 교사와 다르게 학기 중에도 상황이 허락한다면 자유롭게 조퇴, 연가, 병가를 사용할 수 있다는 것이 장학사의 최고 복지라고 생각하는 이들도 있다.

장학사는 수업을 하지 않고 행정업무를 하기 때문에 수업 준비나 학생 평가에서도 자유롭다. 담임교사로서 겪어야 하는 학교폭력 사안, 학부모 민원 등에서도 벗어날 수 있다. 그러나 실상은 혹 떼려다 혹을 붙인 격이다. 한 학급에서 받던 민원이 지역 전체의 민원으로 바뀌고, 한 학급 학부모로부터 받던 민원이 지역 전체 학부모에게 받는 민원으로 바뀐다. 더불어 지역 내 교사들의 민원까지 받아야 한다. 사안에 따라 기자나 정치인까지 민원인이 되기도 한다. 이를 포함한 여러 가지 이유로 교사 시절의 자유로움과 학생들과의 생활을 그리워하는 이들도 적지 않다.

장학사도 거의 모든 종류의 휴직이 가능하다. 그런데 이제까지 주변에서 장학사가 휴직하는 경우는 거의 본 적이 없다. 이는 학교에서 교장, 교감이 휴직하는 경우를 거의 본 적이 없는 것과 같다. 교장, 교감도 국가직 공무원이기에 휴직이 가능하다. 그러나 인사담당 부서에서 휴직을 승인하기보다는 명예퇴직을 권유하는 상황이다. 교장, 교감은 대체 인력이 존재하지 않는 이들이라 그런 것 같다. 장학사도 크게 다르지 않다. 대체 인력이 없고 휴직을 한 전례가 많지 않다. 병휴직도 심각한 경우가 아니라면 원활하게 쓰기는 어렵다. 병가는 종종 쓴다. 인권 차원에서 병휴직은 사용이 용이하게 바뀌어야 한다는 주장도 있지만, 장학사가 휴직할 경우 대체 인력을 발령하기 어렵고 발령이 나지 않으면 동료 장학사가 2명의 일을 혼자 해야 하기에 과부하가 불가피하다. 상황이 이러하니 휴직은 생각보다 쉽지 않다.

다행인 것은 최근 들어 변화가 일어나고 있다는 점이다. 일부 시·도에서 육아휴직을 하는 장학사들이 생겨나고 있다. 당연한 권리를 누리는 모습이 좋아 보이지만 휴직으로 인해 치러야 할 대가들도 있음을 기억해야 한다. 일단 교감 자격연수 순위가 늦춰지고, 다시 복직하는 순간 발령지를 예측하기 어렵다. 거의 신규 장학사와 동일한 차례로 발령이 나기 때문이다. 게다가 여전히 인사담당 부서의 허락은 장담하기 어렵다. 인사담당 부서에서 쉽게 허락해주지 않는 것이 행정편의주의 때문일 거라고 생각할 수도 있지만, 그보다는 조직의 기능을 유지하기 위한 선택이라고 보는 것이 타당하다. 장학사들의 업무는 강도가 매우 세며 언제든 기피 업무들을 맡을 수 있다. 특히 신규나 저경력 장학사일수록 그렇다. 이 상황에서 장학사들이 업무 기피를 위해서 휴직이라는 수단을 쓰면 조직이 원활하게 돌아가는 데 다소 어려움이 있다.

교사는 조직보다는 개개인의 역량이 중요하지만, 장학사는 개인의 역량을 성장시키면서 동시에 조직적 사고와 판단까지 해야 한다. 물론 이런 기준은 언젠가 바뀔 수도 있겠지만, 장학사의 수와 근본적인 역할 변화가 이뤄지지 않는 한 유지될 것으로 보인다. 총액인건비제로 운영하는 지방직 공무원이기에 교육감 재량으로 장학사를 필요한 만큼 늘리면 되지 않을까 생각할 수도 있지만, 수년 후 국가직 공무원으로 전직하는 것을 생각하면 장학사의 수 증가는 어려워 보인다. 또 교감 자격증을 받는 인원이 한정적이라 장학사를 늘리면 현장에서 승진을 준비하는 이들의 반발은 불 보듯 뻔한 일이다. 인사제도의 변화는 참으로 어렵다.

장학사의 위상

'장학사' 하면 일반인들이 떠올리는 단어는 권위다. 많은 수의 사람들이 초등학교 때 장학사 오는 날에 했던 대청소가 떠오를 것이다. 창문틀까지 떼어서 청소하고 마룻바닥에 왁스 칠을 하다 손바닥에 가시가 박혀 본 경험은 30대 이상에게는 거의 공통된 기억이다. 그런데 정작 장학사가 누구인지, 어떤 일을 하는 사람인지 그 실체를 목격한 이들은 거의 없다는 것이 흥미롭다. 지금은 사실 권력이 있는 자리가 아닌데 그렇게 오해한다면 과거의 기억 때문이 아닌가 싶다.

교사들이 잘못 알고 있는 것 중 하나가 장학사가 되는 것을 승진으로 생각하는 것이다. 그도 그럴 것이 장학사 시험은 '임용'이 아니라 현직 교사들 대상 '고시'에 비유될 정도로 힘든 시험이기 때문이다. 임용 이후 한 번 더 걸러진 집단이라는 것이 희소성과 전문성을 상징하기도 한다. 장학사는 일정한 자격을 갖춘 현직 교사가 시험을 거쳐 임용(전직)되는 방식으로 선발된다. 정확히 말해 전직은 승진이 아니다. 하지만 특별한 사정이 있지 않은 이상 교감, 교장으로의 승진이 담보되기 때문에 이는 반은 맞고 반은 틀리다고 이야기할 수 있다.

　법적으로 교사들은 단일호봉제를 가진 특정직이기에 급수가 올라가는 등의 승진이 사실상 없다. 이는 교장, 교감이 되어서도 마찬가지다. 〈표 1〉 공무원 경력 상당의 직급 기준표[5]에 근거해 교사 24호봉 이상이면 4급 대우라고 말하는 교사들이 있다. 해석에 따라 다르지만 교육청 내에서는 구조적으로 교사를 4급 이상으로 대우할 수 없고, 교사를 교육청에 발령 낼 근거도 없다. 4급 이상 대우는 교육청 과장급의 대우이기 때문이다. 이는 과 단위 교육지원청[6]에서는 교육장급 대우다. 전국 40만 명이 넘는 교원들이 모두 과장급 대우를 받고 있다는 말은 현실적이지 않다. 그저 상징적인 의미로 받아들이는 것이 적절할 것이다. 교육기관인 학교와 달리 교육청은 행정기관이고 관료제적인 성격을 띤다. 이곳에서는 직급과 서열을 중시한다. 보통 직급체제는 직위가 가진 권한에 따라 구분된다.

급여 체계

　장학사의 연관 검색어 중에 '장학사 급여'가 있다. 어쩌면 가장 궁금한 부분일 것이다. 장학사는 교사와 같이 단일호봉제를 가지는 특정직 교원이어서 급여 체계가 바뀌는 것은 아니다. 오히려 장학사가 되면 급여

---

5) '국가공무원법' 제2조 제2항 제2호 해당하는 공무원의 급여 수준을 제시한 표다.
6) 교육지원청은 국 단위와 과 단위가 있다. 국 단위는 큰 규모로 초등교육과와 중등교육과가 구분되어 있다. 과 단위는 초등과 중등이 함께 있다.

〈표 1〉 공무원 경력 상당의 직급 기준표

구분		상당 계급 4급	5급	6급	7급	8급	9급
일반직		4급	5급	6급	7급	8급	9급
일반직		기관·부서의 장인 연구관 지도관	연구관 지도관	연구사 지도사			
임기제 공무원	일반임기제	4급	5급	6급	7급	8급	9급
임기제 공무원	(국가) 전문 임기제	"가급" 으로 재직한 기간	"나급" 으로 재직한 기간	"다급" 으로 재직한 기간	"라급" 으로 재직한 기간	"마급" 으로서 "마급" 봉급 한계액의 6할을 초과한 봉급을 받고 재직한 기간	"마급" 으로서 "마급" 봉급 한계액의 6할 이하의 봉급을 받고 재직한 기간
임기제 공무원	(지방) 전문 임기제	"가급" 으로 재직 한 기간	"나급" 으로 재직 한 기간				
임기제 공무원	한시 임기제		"5호"로 재직한 기간	"6호"로 재직한 기간	"7호"로 재직한 기간	"8호"로 재직한 기간	"9호"로 재직한 기간
임기제 공무원	시간 선택제 임기제		"가급" 으로 재직 한 기간	"나급" 으로 재직 한 기간	"다급" 으로 재직 한 기간	"라급" 으로 재직 한 기간	"마급" 으로 재직 한 기간
전문 경력관		"가"군 27호봉 이상	"가"군 26호봉 이하	"나"군 28호봉 이상	"나"군 27호봉 이하	"다"군 28호봉 이상	"다"군 27호봉 이하

별정직공무원	4급 상당	5급 상당	6급 상당	7급 상당	8급 상당	9급 상당
경찰공무원	총경	경정	경감·경위	경사	경장	순경
소방공무원	소방정	소방령	소방경 소방위	소방장	소방교	소방사
	지방 소방정	지방 소방령	지방 소방경 지방 소방위	지방 소방장	지방 소방교	지방 소방사
군인	소령	대위	중위	소위·준위	원사·상사·중사	하사
군무원(특정직) 국가정보원 (특정직·일반직) 경호공무원 (특정직)	4급	5급	6급	7급	8급	9급
교육공무원 대학 교원 (전문대학 포함)	부교수	조교수	전임강사			
교육공무원 초·중등교원 및 기타 교육공무원 초·중등교원 봉급표 적용 대상자	24호봉 이상	16-23호봉	12-15호봉	11호봉 이하		
교육공무원 초·중등교원 및 기타 교육공무원 대학교원 봉급표 적용 대상자	대학 : 17-23호봉 전문대학 : 19-25호봉	대학 : 11-16호봉 전문대학 : 13-18호봉	대학 : 7-10호봉 전문대학 : 9-12호봉	대학 : 6호봉 이하 전문대학 : 8호봉 이하		
판사·검사	4-2호봉					

장학사의 모든 것

가 줄어들 가능성도 있다. 일단 교사와 기본급과 수당은 동일하다. 그러나 교사들은 교원연구비를 받는다. 초·중등 교원과 교감이 다르고 시·도별로도 상이하여 논란이 있지만, 대개는 교사를 기준으로 5만 5,000원에서 6만 원 정도를 지급받는다.[7] 장학사는 교원연구비가 없고 연구업무수당(장학사 5년 이상)을 받는데, 이 금액은 1만 7,000원이다. 또 장학사는 학교에서 수업과 부장 업무를 하지 않으므로 담임수당(13만 원)과 부장수당(7만 원)도 받을 수 없다. 장학사가 되어 급여가 늘어났다고 느껴지는 이유는 대개 출장이 많고 시간 외 수당이 많아서일 것이다. 그런데 그것은 더 일한 만큼 받는 금액이고, 이는 학교에서 업무가 많은 부장교사도 동일하다. 결론적으로 여러 수당에서 제외되는 부분이 있기 때문에 급여가 많아진다고 말할 수 없다. 장학사가 금전적으로 매력 있는 길은 아니라는 뜻이다.

다만 교육부 소속의 교육연구사나 교육연구관의 경우 중앙부처 소속으로 전환되어 급여 체계가 달라진다. 매년 국가 차원에서 공고되는 공무원 봉급표를 확인하면 기본급 차이를 확인할 수 있다.[8] 실제로 모 장학사는 교사 시절 수능시험 문제 출제, EBS 교재 집필 등의 활동으로 교

---

7) 교육부 훈령에는 유·초등 교원 중 교장은 7만 5,000원, 교감은 6만 5,000원, 수석교사와 보직교사는 6만원 교사 재직기간 5년 이상은 5만 5,000원, 5년 미만은 7만 원으로 책정되어 있다. 중등 교원은 교장·교감·수석교사·보직교사는 모두 6만 원, 교사 재직기간 5년 이상은 6만 원, 5년 미만은 7만 5,000원이다. 2022년 현재 교원단체에서는 통일된 금액으로 상향 평준화를 요구하고 있다.
8) 국립대학교 부교수 급으로 대우받아 교사에 비해 급여가 상당히 올라간다.

사 월급보다 부수입이 더 많았다고 한다. 그런데 장학사가 되고 나서는 야근도 잦고 다른 활동을 할 수 없으니 수입이 줄어 힘들다고 했다. 이런 경우가 생각보다 많다. 흔히 말해 잘나가는 교사들 중 장학사 된 경우가 그렇다. 그래서 다들 장학사는 명예직이지 돈을 벌 수 있는 자리는 아니라는 데 의견 일치를 보았다. 만약 소득이 줄어들면 안 되는 상황이라면 장학사 시험에 대해 다시 고민하는 것이 좋다.

직급과 대우

교육청 일반행정직은 지방직 공무원으로 9급으로 시작한다. 다른 부처나 기관과는 달리 7급이나 5급 시험은 없다. 9급부터 시작하여 단계를 거쳐 승진하여 급수가 올라간다. 일반적으로 9급에서 6급까지는 주무관이라고 부르고, 5급은 사무관, 4급은 서기관, 3급은 부이사관이다. 시·도 교육청은 지방자치단체로 분류되어 가장 높은 직급이 3급이다.[9] 다만 보직에 따라 본청은 4급이 과장, 교육지원청은 5급이 과장이다.

교사는 특정직이고 급여 수준으로는 7급 상당으로 임용되어 4급 상당으로 정년을 맞이한다. 특별히 교감, 교장으로 승진하지 않아도 우대해 준다. 교원에 대한 특별 우대는 법적으로 보장된다. 그렇기에 일반직들이 몇 년 근무하면 직급이 올라가 승진하는 것과 다르게 급수가 무의미하다. 교사들은 또한 계급정년이 있는 군인이나 경찰과도 상황이 사뭇 다르다.

장학사는 시·도 교육청에서 보통 몇 급으로 대우받고 있을까? 5급 이상이라고 생각할 수도 있지만, 현실적으로는 6급 대우를 받는다. 정확히 말해 6급이 아니라 6급 대우다.[10] 6급 상당으로 대우하고 권한을 준다는 뜻이다. 이렇게 이야기하는 이유는 일반직으로 전환된 적이 없기에 몇 급이라고 정확히 말할 수 있는 근거가 없기 때문이다. 교육부의 교육연구사도 크게 다르지 않다.

누군가는 장학사에게 급수는 중요하지 않다고 하는데 딱히 틀린 말은 아니다. 그렇지만 관료제 사회에서 어느 정도 직급과 위치인가는 위상(결재라인, 의전, 성과급)을 결정하는 중요한 요소다. 지역교육청에서는 장학사가 6급인 팀장급 대우를 받고, 주무관들과 한 팀을 이루어서 사업을 추진한다. 법적으로 교육전문직은 장학사(교육연구사), 장학관(교육연구관) 직급만 있고 어떤 보직을 맡는지에 따라 명칭이 다르다.

교육국이나 행정국이 있는 교육지원청은 국 단위로 불리는데 국 단위 교육지원청에서 장학관은 과장(무보직 5급), 국장(보직, 4급 상당)이거나 교육장(보직, 3급 상당)이다. 교육과나 행정과만 있는 교육지원청은 과 단위 교육지원청으로 이곳에서 장학관은 과장(5급 상당, 무보직)이거나 교육장(보직, 4급 상당)이다. 전국 교육장은 모두 3급 상당이라고 말하는 이들도 있는데, 경우에 따라 해석이 좀 다르다. 앞서 언급하였다시피 법적

---

9) 유일하게 경기도교육청만이 승진하여 올라가는 부교육감이 있는데, 부교육감 직은 2급 상당에 해당한다. 교육부 소속 부교육감들은 시·도 교육청 소속이 아니며, 서울을 제외하고는 2급 상당으로 대우한다.
10) 장학사가 5급 이상이라고 주장하기도 하는데 근거는 없다.

으로는 장학사, 장학관 모두 교육전문직원이고, 이들은 특정직의 단일호봉제의 적용을 받는다. 결국 교육청 차원에서 몇 급 대우를 하는지의 문제로 귀결된다.

재미있는 것은 교육지원청, 시·도 교육청, 교육부는 단계적으로 위계와 권한이 확실하다는 것이다. 상급기관으로 갈수록 실무진의 급수가 한 단계 올라간다. 실무진은 품의, 예산집행, 기획을 담당한다. 예를 들면 교육지원청에서는 6급 상당이 팀장이고, 7급 이하가 실무진이다. 시·도 교육청에서는 6급 이하가 실무진이다. 장학사도 6급 상당으로 대우하기 때문에 시·도 교육청에서는 예산집행부터 공문 기안까지 모두 장학사가 담당한다. 교육부에서는 보통 5급 이하가 실무진이다. 연구관이나 사무관은 5급 상당에 해당하는데 모두 기안과 예산집행까지 담당한다.[11] 이처럼 잘 짜여진 체계를 보면 교육청이나 교육부도 관료제의 성격상 위계가 확실하다는 점을 알 수 있다. 6급 대우인 장학사의 위치도 지역교육청에서는 팀장급 위상, 시·도 교육청 본청에서는 실무진이라는 점에서 기관마다 다른 명확한 역할 차이를 알 수 있다.

그렇다면 교감이나 교장은 몇 급일까? 장학사나 교사와 마찬가지로 교장, 교감도 특정직에 해당하며, 급여 역시 단일호봉제를 적용한다. 평교사 30년 차와 같은 경력의 교장은 급여 체계가 다르지 않다. 수당과 성

---

11) 부서와 기관의 성격과 경우에 따라 약간씩 차이가 있다.

과급에 의해 일부 차이가 날 뿐이다. 보통 교감은 6급 대우, 교장은 5급이나 4급 대우를 한다. 학교의 급이나 규모에 따라 다르기도 하다. 일반적으로 교장은 4급 대우가 맞다는 평가가 있지만, 과거 국정감사에서 교육부 관계자가 교장은 5급 상당이라고 표현한 적도 있다. 일반적으로 교장은 장학관에 준하는 기준으로 대우한다.

많은 사람들이 궁금해하는 내용이긴 하나 사실 그다지 의미 있는 것은 아니다. 전직을 하여도 교사 출신은 결국 교사에 준해서 대우하고, 다른 직종으로 전환되지 않는다. 교사직은 그 자체로 존중받는다. 장학사가 되든, 교감이나 교장이 되든, 장학관이 되든 보직은 보직일 뿐이다. 그러니 교사라서 급수가 낮다고 생각하거나 장학사라고 우대받는다고 생각할 필요 없다. 너무 큰 의미를 부여할 필요도 없다. 다만, 행정기관에 근무해야 하는 교육청 내 장학사의 근무 환경과 위치를 파악하는 데는 필요하다.

마음가짐과 언행

교사가 장학사 시험에 합격하면 교사가 아닌 교육전문직원의 신분이 된다. 국가직 공무원이 아닌 해당 시·도 교육청 소속 지방직 공무원이 되는 것이다. 장학사가 된다는 것은 의미 있는 일들을 할 수 있는 기회를 의미하기도 하지만, 승진을 보장하는 의미이기도 한다. 게다가 일단 어려운 시험을 통과하였다는 자부심을 가지게 된다. 조금 과장하자면 교직의 엘리트 코스에 들어갔다고 생각한다. 선별된 집단으로 들어왔다는 것, 학교보다 상급 기관으로 가서 학교에 영향을 미칠 수 있는 정책에 참여한다는 것만으로도 충분히 자부심을 가질 수 있다. 그러나 자부심이 지나쳐 자만심이 되면 여러 문제가 발생한다. 장학사가 학교나 교사들 위에 군림하는 자리는 절대 아니다. 간혹 그렇게 착각하는 이들이 있는데 철저하게 주의해야 한다.

장학사에게는 교육과정 전문가로서 교육청에서 교육과정 중심의 정책과 행정을 펼쳐야 하는 역할이 주어진다. 기본적으로 학생을 가르친 교육 경력을 필수적으로 요구하는 특화된 체제를 가진 직종은 많지 않다. 물론 교육전문직(장학사)은 전 세계 어디에나 존재하는 직종이다.

장학사는 교원 대비 1퍼센트도 안 될 정도로 그 수가 많지 않다. 그렇기에 장학사에 대해 잘 아는 사람이 드문데 장학사를 부정적인 시선으로 바라보는 이들이 많다. 아마도 과거 장학사가 권위의 상징이었던 시절 때문일 것이다. 그러나 교육자치 시대 이후로는 장학사를 학교를 지원하는 사람으로 인식하는 사람들이 많아지고 있다. 실제로 학교 교직원들에게 장학사가 어떤 존재냐고 물어보면 대체로 학교 행정을 지원하는 교사 출신 행정가라는 대답이 주를 이룬다.

치열한 경쟁을 뚫고 장학사가 되었다는 개인적인 자부심은 얼마든지 괜찮다. 하지만 장학사는 소수이고 주목받을 상황에 빈번하게 놓인다는 점을 생각하면 자부심이 자만심이 되어 언행에 나타나지 않도록 매사 신중해야 할 것이다.

상위 자격증 취득

교사들이 장학사 시험에 응시하는 가장 큰 이유가 승진이라고 앞서 언급한 바 있다. 시험에 합격해 장학사가 되면 언젠가는 상위 자격을 취득하게 된다. 다시 말해 일정 기간 장학사로 근무하면 교사 출신 장학사는 교감 자격연수를, 교감 출신 장학사는 교장 자격연수를 받게 된다. 대부분의 시·도 교육청에서는 장학사를 수행하면 하나의 상위 자격증을 취득하도록 되어 있지만, 일부 시·도 교육청에서는 2개의 상위 자격증을 취득하는 기회를 주기도 한다. 이는 승진 적체가 심해 장학사로 10년 가까이 근무하는 경우여서 매우 드문 일이긴 하다.

교육부에서는 교육연구사로 7년을 근무하는 동안 교감 자격증과 교장 자격증을 모두 취득하는 기회가 생긴다. 실제로 교육부 교육연구사들 중에는 30대에 교장 자격증을 취득하는 사례가 많다. 하지만 교육 경력 20년 조건 때문에 바로 교감, 교장으로 나갈 수는 없다. 더구나 교장으로 나가는 것은 시·도 교육청의 권한이라 일단은 시·도 교육청으로 전출 간 이후에 상황을 봐서 전직해야 한다. 대부분 시·도 교육청에서는 교육부 교육연구사들이 교장 자격증을 가졌다고 교감직 수행 없이 바로 교장으로 내보내지는 않는다. 일반 승진자와의 형평성 때문이다.

장학사로 얼마나 근무해야 상위 자격인 교감 자격증을 취득하는지도 많이 궁금해하는 사항이다. 교사의 경우 최소 20년 이상 많은 승진점수를 모아야 교감 자격을 받을 수 있는데, 교감 자격을 받는다고 바로 교감으로 발령 나지는 않는다. 장학사는 1년마다 근평을 받는데, 근평이 3개 이상이면 교감 자격을 받을 수 있는 기회가 생긴다. 근평을 주는 방식은 시·도별로 상이하다. 근평을 부서마다 주어 빠르면 2.5년, 늦으면 5년 만에 교감 자격증을 취득하는 곳도 있고, 3년 만에 장학사 같은 기수 모두를 한 번에 교감 자격을 주는 곳도 있다. 장학사는 지방직 공무원이고, 교육감이 모든 인사 권한을 가지기 때문에 그 방식은 시·도 교육청 교원 인사를 담당하는 부서에서 별도 규정으로 정하고 있다. 장학사는 법적으로 최소 5년 의무 복무를 해야 한다. 10년 전에는 4년이었는데, 지금은 5년으로 바뀌었다. 하지만 5년 만에 딱 교감으로 전직하는 사례는 드물다. 빠르면 5.5년, 늦으면 8~9년까지 장학사 직을 수행하였다가 교감으로 전직한다.

교감장학사는 3년 만에 교장으로 전직할 수 있다. 최근 교육부에서 규정을 바꾸어 동일 직위에서 1회 전직만 가능하다는 규정을 풀었다. 십여 년 전에는 장학사에서 교감으로, 교감에서 장학사로 몇 번씩 전직하면서 근무하기도 했는데, 그로 인해 학교 교육과정 운영에 부정적 영향을 끼친다고 판단하여 동일 직위에서 1회 전직으로 규정을 만든 것이다. 하지만 승진 적체 현상이 생기면서 최근 이 규정이 다시 완화되어서 앞으로는 교감과 장학사의 순환이 자유로워질 가능성이 크다. 교감과 교감 자격을 가진 장학사는 근평을 동시에 쓸 수 있기 때문에 상위자격인 교장 자격을 취득하는 데도 전혀 문제가 되지 않아 왕래가 자유로울 수 있다.

다만 주의해야 할 점이 있다. 장학사는 근무하는 동안 많은 교육정책 사업을 기획하고 예산 집행도 한다. 이 과정에서 업무 관련 감사는 불가피하다. 감사를 받으면 행정처분(주의, 경고)을 받는 일이 다반사고, 정말 의도하지 않게 징계를 받는 일도 드물지 않다. 그런데 불문경고만 받아도 상위 자격을 취득하는 데 문제가 생긴다. 경고를 받으면 근평에서 불이익을 받아 교감 자격 취득이 약간 늦어질 수 있다. 불문경고 이상의 징계를 받으면 상당히 늦어질 수 있다. 성 관련 문제가 있으면 당연히 상위 자격 취득에 영향을 끼친다. 5대 비위를 저지르거나 음주운전을 하는 경우에도 관리자나 교장이 될 수 없다.[12]

교사들은 교육감상이 있으면 징계에서 감경 사유가 되나, 장학사들은 교육부 장관상 정도는 있어야 징계 감경을 받을 수 있다. 의도적으로 나쁜 일을 해서 징계를 받는 경우도 있겠지만, 의도치 않게 몰려드는 행정 업무를 처리하다 불가피하게 징계를 받는 경우도 있을 수 있다. 그러니 기회가 있다면 장관상을 받아두는 것이 좋다.

체력 관리

장학사 생활을 하다 보면 체력 면에서 과부하를 경험한다. 교사 시절 정말 열심히 살았던 이들도 교육청에 와서 못 견뎌 하는 것을 많이 지켜봤다. 교사 시절의 업무 방식과 사뭇 다르고, 조직 생활의 스트레스도 만만치 않다. 나 혼자 모든 것을 결정하거나 교장, 교감 선생님만 동의해주

---

12) 음주운전은 2022년 1월 이후 단속된 사안부터에 해당된다. 소급 적용되지 않는다.

면 되었던 방식과는 완전히 다르다. 갈등 상황이나 과도한 업무로 인한 스트레스도 만만치 않고, 주말이나 야간 근무 때는 체력적인 한계도 경험하게 된다.

평소에 운동을 즐겨 하던 교사들도 장학사로 일하면서는 대부분 여유가 없어 그만두곤 한다. 보통 40대 초중반에 장학사가 되어 교육청에 들어오는데, 안 그래도 체력적으로 고갈되고 소진될 나이다 보니 장학사들은 더욱 힘든 상황에 직면한다. 불규칙한 장학사 생활 중 센터에 다니거나 회원권을 끊어서 하는 운동은 쉽지 않다. 시간 구애 없이 언제든 집 안에서 할 수 있는 운동을 찾는 것이 좋다. 나도 이틀에 한 번은 꼭 운동을 한다. 한 시간 이상 땀이 나도록 실내 자전거를 타거나 근력 운동을 한다. 이렇게 하는 것이 더 힘들 것 같지만, 장학사 생활은 체력전이라 체력이 보완되지 않으면 완주하기 어렵다. 가급적 어떤 운동이든 꾸준히 해서 체력을 키우는 것을 권유하고 싶다.

그리고 누구나 알다시피 과음이나 흡연은 체력 고갈의 일등공신이다. 개인의 선택이지만 건강을 잃으면 모든 것을 잃게 되고, 시간이 흐를수록 건강은 건강할 때 지켜야 한다는 것을 실감하게 된다. 장학사들 사이에서는 우스갯소리로 교감 자격증과 건강을 맞바꿨다고 말한다. 슬픈 현실이지만 업무 강도가 워낙 세다 보니 틀린 말은 아닌 것 같다.

복장 관리

장학사들은 정장 차림으로 일할 것이라고 생각한다. 아마 한 번이라도 장학사와 마주친 적이 있다면 성별 상관없이 단정한 정장 스타일이 떠오를 것이다. 그러나 이것도 시·도 교육청이나 기관별로 문화가 달라서 단정적으로 이야기하긴 어렵다. 대부분은 선배들이나 상관의 의중에 따라 달라진다. 그동안 지켜본 결과는 과거에는 매우 경직된 스타일이었으나 최근에는 자유로운 복장을 유지하는 분들도 많다는 것이다. 기관장이나 교육장, 심지어는 교육감 중에도 자유로운 복장을 추구하는 분들이 늘어나고 있다. 중앙정부 차원에서 캐주얼한 복장을 해도 된다는 공문이 내려오는 경우도 있었다. 그럼에도 불구하고 조직이다 보니 상사의 스타일에 영향을 받는 것은 어쩔 수 없다.

예외적으로 학교 현장에 자주 나가야 하는 교육지원청 장학사의 경우에는 정장 스타일을 유지해야 한다는 생각이 강하다. 실제 관련 민원이 있었다는 이야기가 들은 적이 있다. 아직은 교육청을 바라보는 시각이 다소 경직되어 있는 게 아닐까 짐작해본다. 하지만 이 또한 언젠가는 바뀌지 않을까 싶다.

교육청 조직 내 인간관계

본청 장학사와 지역청 장학사, 그리고 교육부 교육연구사

본청 장학사와 지역교육청 장학사와의 관계가 궁금할 수 있다. 보통 장학사는 지역교육청이나 직속 기관에 첫 발령을 받고 어느 정도 경력과 연차가 되면 본청인 시·도 교육청에 발령이 나는 구조다. 시·도 교육청별로 약간씩 차이가 있지만, 보통은 1~3년 경력자들이 지역교육청이나 직속 기관에 근무하고, 본청은 2~3년 이상의 경력자들을 차출해간다. 시·도별, 개인별, 업무별, 과목(전공)별로 특성은 좀 다르다. 드문 경우긴 하지만 지역교육청 근무 6개월 만에 본청으로 발령 나는 경우도 있고, 첫 발령이 본청인 경우도 있다. 특정 분야에 전문성이 있거나 인맥이 있어서 또는 단순히 운이 좋아서 본청으로 가기도 한다. 물론 본청 근무자로서의 역량과 자부심을 어느 정도 인정할 순 있지만 시·도 교육청 본청 근무자가 꼭 능력이 출중한 것만은 아니라는 얘기다.

또한 본청에서 근무하다가 교감 전직 직전에 지역교육청으로 가는 경우도 있다. 이러니 지역교육청 장학사가 본청 장학사보다 직급이나 지위가 낮다고 여기는 것은 틀린 생각이다. 업무적으로도 지난주까지 본청에서 지역교육청으로 공문(정책)을 내려보내다 이번 주에는 해당 공문을 받는 입장이 되기도 한다. 본청 장학사와 지역교육청 장학사의 장학사 기수(경력)가 같을 수도 있고, 오히려 본청 장학사의 기수(경력)가 낮을 수도 있다. 일반행정직들은 이러한 방식으로 뒤바뀌는 위계를 좀 이해하기 어렵다고 말하나, 이는 교직 환경, 장학사들의 근무 환경의 특수성 때문에 발생하는 현상이다. 그만큼 교원 조직이 수평적이라는 반증이기도 하다.

결국 본청이나 지역교육청은 근무 상황이 다를 뿐, 상호 존중해야 하는 관계다. 간혹 본청 장학사가 지역교육청 장학사에게 무리한 요구를 하다가 문제가 발생하는 경우가 있다. 이유야 어찌 되었든 관행에 취해 의전이나 서열에 집착하면 이렇게 문제가 나타난다. 이런 상황이 되면 업무에서도 오류를 범하기 쉽다. 정책을 추진하다 보면 종종 상급기관인 본청에서 지역청에 정책적인 요구나 자료 수합, 정책 추진 등을 요구하는 경우가 생길 수밖에 없다. 그럴수록 원칙이 중요하고, 서로의 역할에 대한 이해가 필요하다. 누가 서열이 높은지, 누가 힘이 있는지는 중요하지 않다. 사실 중요한 건 직급보다 역량과 역할이다.

한편 본청과 지역교육청의 역할은 분명하게 차이가 난다. 학교 입장에서는 둘 다 같은 교육청이라고 생각할 수 있으나 두 기관은 매우 다르다. 규모도 상이할 뿐 아니라 역할과 기능이 본질적으로 다르다. 단순히 상급 기관이냐 하급 기관이냐의 차이가 아니다.

본청은 지역교육청과 학교를 관할한다. 시·도 교육청 내에서 발생하는 모든 일을 담당하고, 해당 업무와 정책에 대해 모든 것을 총괄한다. 시·도의회와의 관계 및 지자체와의 관계도 모두 아우른다. 예산, 행정, 정책, 의회 업무까지 한다. 해당 지역 언론에서도 관심이 많다 보니, 민감한 사안이 발생하면 언론 대응도 해야 한다. 예를 들어 학교폭력 사안, 교권침해 사안, 지역의 기초학습 부진아 비율 등은 종종 언론에서 문제를 제기하는데, 언론 보도 시 인터뷰를 하는 이들이 보통 장학사들이다.

교육부와 교육청이 상명하복의 조직이냐고 묻는 교사들도 있다. 교육자치 이전인 2010년 이전에는 그러한 조직이었을 수 있다. 시·도 교육청 본청이나 교육부에는 상당히 권위적인 문화가 있었다. 그러나 교육자치가 시작되고 교육감이 직선제로 선출되다 보니 교육부 장관만큼이나 해당 시·도 교육감의 위상도 중요해지는 추세다. 교육부와 시·도 교육청은 공존하며 상생하는 기관이지 특정 기관이 우위를 점하는 관계가 아니다. 개인적으로도 교육부 관계자와 교류가 많은 편인데 굉장히 부드럽고 유연한 관계를 맺고 있다. 교육부에는 젊은 교육연구사가 많은데 최연소는 30세라고 한다. 보통 교육부 교육연구사들은 30대가 주를 이루기 때문에 시·도 교육청 장학사들을 대할 때 서로 존중하는 문화가 생길 수밖에 없다. 교육 경력이 훨씬 많은 선배들이기 때문이다.

협력이 중요한 동료 장학사

교육청 생활을 오래하다 보니 다양한 일들을 경험했고 수많은 사람들과 관계를 맺어왔다. 그러는 동안 장학사로서 성장한 것도 사실이다. 특히 이질 집단과의 관계 속에서 많이 성장했다. 동질 집단과의 관계에서는 성장에 한계가 있다. 관행을 따지고 서열을 따지고 기수를 따지고 학벌을 따지고 나이를 따지는 등 기존 패턴에서 벗어나기 어렵기 때문이다. 그런데 이질 집단을 만나면 그러한 기준이 사라지고 새로운 기준과 질서를 함께 만들어낸다. 그런 관계와 성장을 경험한 사람들은 이질 집단과의 교류가 얼마나 중요한지 명확하게 이해한다.

오랜 기간 교육청 정책 분야에서 활동하며 느낀 것 중 하나는 사람들이 나를 학벌과 인맥 등으로 평가하지 않는다는 것이다. 나의 업무처리 능력과 역량으로만 평가한다. 내가 어느 학교를 나왔는지, 어떤 곳을 거쳐왔는지, 누구를 아는지가 중요하지 않다는 뜻이다.

교육청은 올바른 교육을 위한 정책과 행정을 고민하는 곳이다. 그런데 일부 장학사는 기관에 발령을 받으면 그러한 고민보다는 자신만의 정치를 하려고 한다. 거기에서 문제가 생긴다. 그들은 대개 누구와 일을 했는지, 누구와 선후배인지, 누구의 라인인지, 누구의 가족인지를 중요하게 여긴다. 불필요한 관심들이 잘못된 관행을 만들고 업무 추진을 어렵게 한다. 이런 사람들이 인사업무를 담당하면 온갖 청탁에 휘둘려 원칙을 무너뜨리게 된다. 공정한 업무 추진을 위해서는 최소한의 마지노선과 기준이 있어야 하는데 그것이 자꾸 변질되는 것이다. 누군가 특혜를 받게 된다면 누군가는 피해를 보게 된다. 이런 사람이 많아지면 교육청 내에서도 라인을 따지고 자신과 같은 라인이 아니라면 경쟁 상대로 인식하거나 괴롭히는 일까지 발생한다.

"통일보다 어려운 것이 초등 장학사와 중등 장학사가 협력하는 거예요." 장학사 합격자 연수에서 강사가 한 말인데 아직도 그 말이 종종 기억난다. 이 말이 바로 교육청 내 경쟁 구도를 의미하는 것이다. 초등과 중등은 교육청의 중요한 두 축인데 협업보다는 경쟁 관계에 놓여 있는 것이다. 좋게 말해서 경쟁이지 서로 견제하며 파워 게임을 한다. 유아나 특수, 비교과 등은 수가 적어서 이러한 경쟁 구도에서 조금 떨어져 있다.

물론 모두가 그렇다는 것은 아니다. 서로 잘 지내는 부서와 사람도 있다. 하지만 어느 교육청이든 라인 싸움이나 초·중등 간의 견제가 아주 없을 수는 없다. 교육청 내 특정 부서의 과장이 초등이냐 중등이냐, 교육장이 초등이냐 중등이냐를 가지고 서열이 정리되는 분위기라 이에 따라 입장이 뒤바뀌곤 한다. 더 나아가 특정 부서의 과장이 장학사 출신인지, 일반직 출신인지를 중요하게 여기기도 한다.

교육청에서 좋은 사람들을 참 많이 만났다. 업무 중에 부딪치는 일도 종종 있었지만 서로 다른 입장에서 치열하게 싸웠던 사람들과 결과적으로는 더 친해졌다. 중요한 것은 편견과 선입견 없이 일하는 것이다. 초등인지 중등인지, 누구 라인인지는 전혀 중요하지 않다. 모든 사람들이 나에게 스승이 되어주었고 그 인연이 친분이 되고 인맥이 되었다.

개인적으로는 초등과 중등은 물론 유아, 특수, 비교과에 소속된 이들과도 친분이 있다. 소수가 가지는 문제의식에 귀 기울일 때 내가 더 발전할 수 있다. 반대로 다수가 행하는 사소한 폭력에 둔감해지면 발전할 수 없다. 그러므로 늘 문제의식을 가지고 여러 사람의 생각에 귀 기울임으로써 나의 문제점을 발견하고 극복하려 노력해야 더욱 성장할 수 있다. 완벽한 사람은 없다. 집단지성을 통한 발전이 가장 좋다. 일단 열린 마음가짐을 지녀야 한다. 항상 내 생각이 틀릴 수 있고, 내가 가진 생각보다 더 나은 아이디어가 있다는 것을 염두에 두고 다른 이들의 목소리를 들어야 한다. 더 효율적인 것이 무엇인지, 내가 하는 것이 관행적인 것은 아닌지 끊임없이 고민해야 한다.

업무 핑퐁 현상을 기회로 여겨라

조직에서 많은 업무를 담당하다 보면 맡기 싫은 업무는 서로 떠넘기려는 현상이 비일비재하게 벌어진다. 일명 업무 핑퐁 현상이다. 장학사들 사이에서도 서로 자기 일이 아니라고 갈등을 빚는 경우가 종종 있다. 학교에서는 교장, 교감이 이 부분을 정리해줄 수 있으나, 교육청에서는 누군가 나서서 정리하기가 매우 애매한 경우가 많다. 결국 장학사들끼리 풀어야 하는데 이미 업무 과부하로 힘든 상황인 경우가 많아 정리가 매우 어렵다.

업무든 TF든 누군가는 주도해야 하는 상황이 생긴다. '안 그래도 바쁜데 뭐 하러 그걸 해, 바보같이…'라고 생각하는 사람도 있다. 그런데 일을 주도해서 하다 보면 나만의 노하우도 생기고 나를 보는 다른 사람들의 시선도 달라진다. 무엇보다 중요한 것은 내가 발전한다는 것이다. 기획력도 좋아지고 표현력도 좋아진다. 처음에는 어렵지만 하다 보면 수월해져서 두 번, 세 번 하는 것이 그리 어렵지 않다. 결국 일을 많이 하는 사람에게 발전의 계기가 생기는 것이다.

또한 TF에서 주도적으로 일하는 경험도 해보는 것이 좋다. TF에서 만든 정책 중 많은 부분이 나의 손에서 나오는 뿌듯함을 느낄 수 있다. 아무도 알아주지 않지만 내가 그 정책에 상당 부분 기여했다는 보람과 성취감을 얻게 되는 것이다. 이런 장점들을 생각하면서 장학사의 업무를 수행할 때 눈치 보지 말고 내 일이 아니라고 미루지 말고 적극적으로 임해 성장하는 장학사가 되기를 바란다.

존중과 배려가 중요한 일반행정직

학교에서 교사로 근무할 때에는 교장, 교감, 교사, 그리고 학생, 학부모와의 관계가 주를 이룬다. 담임이나 비담임이나 유사한 환경 속에서 수십 년을 일한다. 10~20년 정도면 어느 정도 노하우가 쌓일 수 있는 구조다. 물론 최근 들어 교직 환경도 변하고 여러 예상치 못한 상황에서 교사들이 힘들어하고 있는 것도 자명한 현실이다. 그런데 교사가 장학사가 되어 마주하는 현실은 경력 교사도 적응하기 힘든 환경이다. 장학사들은 업무적인 이유와 구조적인 이유로 다양한 인간관계를 맺는다. 구조적으로 일단 일반행정직(교육행정직)과 동료 교육전문직원(장학사, 연구사, 장학관, 교육연구관, 과장, 국장, 부교육감 등)들의 직급이 생소하다. 뿌리가 다른 집단들이 한 지붕 아래서 함께 지내니 더욱 그렇다.

일반적으로 교사들은 특정직이고 학교에서만 근무하기 때문에 공식적으로 직급을 제시하지는 않는다. 또 학교에서는 직급 이 필요하지도 않다. 예외가 있다면 행정기관에 파견을 오는 경우인데, 이들이 바로 파견교사다. 파견교사는 보통 6급에게 결재를 받으므로 사실상 7급 이하의 대우를 받는 셈이다. 그런데 장학사는 6급 상당의 역할이 주어지기에 보통 교사가 장학사가 되면 승진했다고 생각하는 것이다. 이렇다 보니 종종 7급 이하 주무관들과의 관계에서 문제가 발생하기도 한다.

결론부터 말하자면 일반행정직과 교원은 그 뿌리가 다르므로 모든 관계가 그렇듯 서로 존중해야 한다. 20년 경력의 교사가 장학사가 되었더라도 교육행정가로서의 경력은 없는 것이 사실이다. 학교에서 교무부장

등의 경력이 많고 교육과정이나 수업 전문성이 뛰어나다 해도 행정에 대한 경력은 전무한 셈이다. 이 점을 고려한다면 8급이든 7급이든 경력이 있는 주무관이라면 오히려 행정에 있어서는 배울 점이 많을 것이다.

그런데 일부 장학사들은 이점을 간과해 본인의 교육 경력 20년을 앞세워 주무관을 부하 직원쯤으로 생각하곤 한다. 심하게는 보자마자 하대하거나 과도한 업무 지시를 하는 경우도 있다. 일반행정직 입장에서는 자신들과는 뿌리가 다르고, 전혀 이질적인 사람들인데 시험에 합격했다며 갑자기 나타나 상사인 것처럼 행동하는 것이 이해되지 않을 것이다. 아무래도 교육청에 근무하는 주무관들은 20~30대가 많고, 장학사의 연령대는 거의 40~50대이다 보니 너무 편하게 생각하는 걸 수도 있다. 그러나 이렇게 했다가는 자칫 꼰대로 인식될 수 있다. 장학사들은 행정 경험이 처음이므로 예산이나 행정 처리, 교육청 문화 등을 이들에게 배워야 한다는 현실 인식이 필요하다.

배워야 할 것이 있다면 나이는 상관이 없다. 내가 먼저 마음을 열고 그들을 존중하면 그들도 나를 존중해준다. 도울 게 없는지 먼저 물어봐주는 경우도 생긴다. 나는 함께 근무했던 주무관들과 근무지를 옮긴 후에도 종종 만나거나 연락하며 업무에 도움을 받기도 한다. 주무관들은 계속 교육청에 근무하며 여러 부서를 돌기 때문에 장학사 업무를 수행하거나 교장, 교감이 되어서도 도움을 받을 일들이 종종 생긴다. 주무관을 부하 직원이 아니라 동료로 바라보는 것이 중요하다. 실제로 부하직원일 수 없는 것이 장학사는 6급 대우를 받는 특정직이기 때문이다.

장학사가 일반행정직의 문화를 이야기할 때, 주로 말하는 것은 두 가지다. 상급자에 대한 '의전문화', 그리고 6급 이상이 되면 관리자 모드가 되는 것이다. 반대로 일반행정직은 장학사에 대해 교감 연수만 받으면 일을 하지 않으려 한다는 것과 오로지 감으로만 일해서 일에 체계가 없다는 것을 비판한다. 양쪽 다 어느 정도 근거가 있는 이야기이고 반성해야 할 부분이다. 특히 의전문화는 장학사들도 쉽게 젖어들곤 하는데 문제는 의전의 본질을 오해하는 것이다. 의전은 상급자에 대한 존중에서 나와야 하는 것으로 자리에 대한 충성만을 생각해서는 안 된다. 더구나 정치적 타협에서 나오는 행동들과 눈살을 찌푸리게 하는 과잉 의전은 장학사의 위상을 초라하게 만들기도 한다. 더욱 큰 문제는 그들이 자신이 한 만큼의 의전을 바란다는 것이다.

교사도 일반행정직도 서로 배울 점이 있고, 개선해야 할 점도 있다. 서로에 대한 불평, 불만만 늘어놓고 서로에 대해 이해하려는 노력이 없다면 교육 조직의 발전은 없을 것이다.

선배 장학사와 기수 문화

시·도 교육청별 장학사 시험은 보통 연 1회 시행된다. 그래서 장학사들에게는 이른바 '기수'가 존재한다. 초등과 중등이 다른 경우도 있다. 중등 장학사가 초등 장학사보다 먼저 시작되었기 때문인데, 그래서 지역별로 초등과 중등이 5~8기수 차이가 난다. 재미있는 것은 과거에는 교감 장학사들만 있었던 때가 있었다고 한다. 지금은 교감장학사를 따로 뽑는 지역도 있고 아닌 지역도 있다. 비교과나 유아, 특수는 초등 쪽에 포함되는 것이 일반적이다. 동기 장학사들은 종종 모임을 하는데, 소수일수록 더욱 끈끈하다. 그런데 앞서 언급한 것처럼 발령일에 따라 관계가 애매해지기도 한다. 그렇더라도 동기 기수는 끝까지 인정되어 보통은 동기 기수가 같이 교감 연수를 받고 교감 전직을 한다. 몇몇 지역은 기수 문화가 굉장히 엄격하다는 이야기도 있다.

특이한 점은 장학사는 시험에 붙는 나이의 폭이 넓어 교육 경력보다는 기수가 더 중시된다. 그렇다 보니 대학 선후배 서열이 꼬여버리는 상황도 발생한다. 30대에 장학사가 된 사람들은 웬만한 교직 선배들보다 상위 기수의 장학사 선배가 된다. 대학 선배보다 장학사 선배가 더 현실적으로 작동한다. 좋은 예는 아니지만 아래 기수에게 존대하지 않거나 업무에 있어서도 우선권을 가지는 지역도 존재한다. 물론 과거보다는 민주적인 분위기이고 다른 집단보다 수평적인 것은 맞지만 지역별로 상황이 조금씩 다른 것도 사실이다. 광역시처럼 관할이 작은 지역이나 장학사를 소수 뽑는 지역은 다른 지역보다 좀더 기수 문화가 강하다. 또한 중등이 비교적 민주적이고 초등이 좀 더 서열을 따지는 경향이 있다. 아무래도 동질 집단이 많은 교대 문화가 있기 때문인 듯하다.

장학사 기수로 인한 서열 문화가 생기는 이유 중 하나가 보통은 후배 기수보다 먼저 교감 연수를 받고, 이어서 먼저 교장 연수도 받기 때문이다. 그렇기에 기수가 깨지는 경우는 드물다. 상위 기수가 먼저 교감, 교장이 되고, 때로는 장학관이 되기도 하는 것이 자연스러운 순서다. 상위 기수가 교장, 장학관이 될 때 후배 장학사들은 교감직에 있거나 여전히 장학사를 수행하고 있을 가능성이 많다. 1년차 장학사와 5년차 장학사는 똑같은 장학사 직을 수행하지만 현실적인 위상이 다르다. 특히 상위 자격이 있는 사람들은 교감급, 교장급으로 대우받는다. 이 역시 시·도별로 약간씩 다르다.

이러한 기수 문화가 네트워크를 형성해 좋을 때도 있다. 하지만 배타적인 집단을 형성해 우위를 점하고 권력을 지향하고 여론을 주도하려는 의도를 가지면 문제가 생길 수 있다. 모임 자체는 문제가 없다. 모임의 방향이 중요하다. 해당 기수가 집단지성을 활용하고 전문성을 지향하는 방식이 되어야 하지 않을까 싶다. 특히 다양한 부서와 기관에서 일하는 이들이 모이면 큰 힘이 될 수 있다.

장학사가 경험하는 특별한 일들

장학사의 다양한 역할과 직무

장학사들의 역할은 그 시작과 끝을 이야기하기가 참 애매하다. 지역 교육청의 홈페이지를 찾아보면 장학사가 어떤 업무를 담당하는지 알 수 있다. 교육과정, 인사, 행정지원, 학교폭력 지원을 비롯해 거의 모든 업무에 배치되어 있다. 1명의 장학사가 관여하는 업무도 매우 많다. 〈표 2〉를 보면 장학사들의 다양한 업무를 확인할 수 있다. 물론 주무관이 배치

될 수도 있지만, 어떤 업무든 관계된 장학사들이 한둘은 있게 마련이다.

시·도 교육청의 업무 분장은 모두 법령에 근거하고, 교육부에서 정한 기준에 따라 이루어진다. 그리고 그 기준에 따라 지역교육청의 조직과 인사가 배치된다. 장학사는 교원과 교육청 구성원들의 각종 직무연수 운영을 위해 연수원에 배치되기도 하고, 관련된 직속 기관에 배치되기도 한다.

지역교육청에서 근무하는 장학사는 학교 컨설팅과 장학 업무를 동시에 담당한다. 이는 관할하는 학교를 나누어 맡는 방식인데, 최근에는 학교에서 발생하는 다양한 민원들을 해결해주는 역할이 더욱 커지고 있다. 이런 변화가 학교 입장에서는 좋긴 하지만, 장학사 입장에서는 민원 창구의 역할을 하느라 제대로 된 정책기획과 지원을 하지 못한다는 불만이 나올 수 있다.

같은 맥락에서 교육청 입장에서는 학교에서 독자적으로 판단해서 해결할 수 있는 것들까지 왜 모두 교육청으로 넘기려 하냐고 생각하는 반면, 학교 입장에서는 조금이라도 교육청의 지원을 받아 해결할 수 있기를 바란다. 시·도 교육청에서는 학교 자율과 자치를 이야기하고, 학교에서는 학교 지원 강화를 이야기한다. 양쪽 모두 맞는 말인 데다 상충되는 측면이 크고 다양한 상황이 발생하다 보니 현재는 명확한 판단을 미루고 있다. 결국 이 정답 없는 문제 상황 속에서 가장 갈등을 겪는 이들이 바로 장학사다. 교사들과 학교 측의 입장은 이해되나, 관내 학교들이 모든 문제를 교육청이 판단해 달라고 요구하는 상황이 과연 맞는지는 생각해

〈표 2〉 장학사의 업무(교육 · 학예 분야 기능분류표)

기능	구분	분야
기획 조정	정책관리	정책기획, 정책개발, 정책관리일반
	성과 · 평가	기관평가, 성과관리
	행정관리	조직관리, 행정제도개선
	홍보 · 공보	홍보, 공보
	대외협력	대외기관협력, 의회협력
	감사	자체감사, 수감업무, 청렴업무, 공직윤리업무, 감사일반
	법무	소송업무, 행정심판 및 소청심사, 자치법규관리, 법률상담 및 자문
일반 행정 지원	총무	일반사무, 청사관리
	기록관리	기록물관리, 정보공개 및 공시, 교육통계관리
	민원	민원제도개선, 민원처리
	비상계획 · 재난	보안관리, 비상대비, 재난안전관리
	행정정보화	정보시스템구축 및 운영, 정보화기반운영, 정보보호, 행정정보화업무지원
	부서공통업무	과공통업무
인적 자원 운영	지방공무원인사관리	임용관리, 평가관리, 교육훈련운영, 계약직인사관리, 지방공무원인사일반
	교육공무원인사관리	임용관리, 평가관리, 연수운영, 인사일반, 계약제교원인사관리
	비정규직인사관리	비정규직인사
	공무원복지운영	후생복지
	단체 · 노무관리	공무원단체, 교직단체

재정 관리	예결산관리	중기지방교육재정계획, 예산편성 및 배정, 예산 운영, 인건비관리, 교육재원관리, 재정분석진단, 지방교육채관리, 학교회계지원, 결산관리
	재무관리	자금 · 지출 · 급여 · 채권채무 · 세입세출외현금 · 수입 · 계약 · 물품 · 재산관리, 재무관리일반
교육 운영 지원	학교지원	학생수용, 학교행정지원, 학교운영위원회관리
	사학지원	사학행정지원, 사학재정지원, 사학법인관리, 사 학시설관리
	교육복지	교육복지기획, 교육취약계층지원, 교육취약지역지원
교육 시설	시설관리기획	교육시설관리, 학교시설관리, 도시계획관리, 교 육행정기관관리
	시설관리운영	시설공사관리, 시설유지보수, 민간투자사업관리
교육 과정 계획 및 개선	교육과정계획 및 운영	교육과정계획, 교육과정편성운영, 교과목 및 학 과관리
	교실수업개선	교원전문성신장, 맞춤형수업운영, 교수학습자료 관리, 연구 및 중점학교운영, 교실수업개선지원
학교 교육 운영	교과교육	외국어 · 수학 · 과학 · 영재 · 체육 · 독서논술토 론 · 문화예술 · 다문화 · 주제별 · 국어 · 사회 · 정 보 · 기술가정 교육
	창의적 체험활동	자율활동, 동아리활동, 봉사활동, 진로활동, 학교 생활 포트폴리오관리
	사교육경감	사교육경감대책수립, 방과후학교운영
	유치원교육	유치원교육운영지원, 유치원복지지원
	특수교육	특수교육서비스, 특수교육운영지원
	직업교육	직업교육운영, 직업교육여건개선, 직업교육행사 및 대회
	생활지도	인권 및 생활지도, 상담 및 치유활동, 대안교육, 적응교육, 학교폭력 및 사안예방

교육 활동 지원	교무학사관리	학생선발, 학적관리, 교무관리
	대외교육협력	유관기관교육협력, 국제교류협력, 대학협력
	학교보건	학교보건활동, 학교환경위생관리
	학교급식	학교급식운영, 학교급식대상자지원
	학부모지원	학부모지원일반, 학부모지원센터운영
	교육정보화	정보화교육, 정보화교육지원
	교육사료관리	교육자료 보전 · 전시 · 교육
컨설팅 및 평가	학력증진 및 평가	학력증진, 학력평가, 대입수능, 검정고시관리
	포상 및 장학금지원	장학금지원관리, 포상관리
	컨설팅 및 운영지원	컨설팅활용, 학교체제개편 및 운영지원
평생 교육	평생교육관리	평생교육프로그램운영, 평생학습기관 및 시설관리, 평생교육인적자원관리, 평생교육활성화
	도서관관리	공공도서관운영 및 지원, 도서관자료관리
	학원 · 교습소 · 개인과외 관리	학원 · 교습소 · 개인과외 제도 관리 · 운영
	비영리법인 및 단체관리	비영리법인 및 단체관리

볼 필요가 있다.

그 외에도 장학사는 상상하지 못했던 영역의 업무를 맡거나 예상치 못했던 기관이나 부서에 배치되기도 한다. 예를 들어 본청의 대변인실에 배치되어 홍보업무를 담당, 주로 언론기관을 상대하며 보도자료 쓰는 일만 하는 장학사도 있다. 감사과에 배치되어 감사업무만 담당하는 장학사도 있다. 평생교육 담당 기관에 배치되어 학생이 아닌 일반인들의 교육을 위한 지역사회 프로그램을 기획하는 장학사도 있다. 신규교사 임용부서에 배치되어서 출제 업무 지원을 전담하는 장학사도 있다.

낯설지만 신중하게 대응해야 하는 언론

교사들이 언론사(기자)를 상대할 기회는 거의 없다. 그렇다 보니 기자와 통화하는 것 자체를 꺼리고 어렵게 느낀다. 기자들은 자신의 역할과 직업정신으로 움직인다. 그렇다 보니 집요하게 사실 관계를 확인하고 정보를 확보하려 한다. 민감한 사안의 경우 창과 방패처럼 방어하려는 교육청의 장학사와 공격하려는 언론사의 기자가 치열하게 논쟁을 벌이기도 한다. 아쉽게도 언론사 및 언론의 기능에 대해 잘 아는 장학사는 많지 않다. 대변인실(홍보담당)에 있는 장학사 정도가 언론사에 대한 이해가 조금 있을 뿐이다. 장학사 대부분은 아예 언론사와 통화하거나 접촉할 기회조차 없다.

장학사는 언제 언론사와 통화하게 될까? 안타깝지만 심각한 사안이 터졌을 때다. 많은 국민과 학부모들이 관심을 가지니 언론에서도 분주히 움직인다. 교육청 역시 교육과 관련된 문제가 생겼으니 거기에 대응하며 분주하게 움직인다. 당연히 교육청에서 어떻게 정책을 집행했는지, 향후 어떤 방향으로 대응할 것인지도 알려지게 된다. 그러면 언론에서는 이를 교육청에 확인하려 한다. 경험 없는 장학사들은 언론이 접촉해오면 잘못하지 않았는데도 부담을 느끼고 괜히 움츠러들어 본의 아니게 정보를 은

폐하곤 한다. 대대적인 언론 보도가 나오면 전화를 회피하거나 병가를 사용하는 담당자들도 있다. 그러면 기자들은 뭔가 있겠구나 싶어 더욱 집요하게 파고들거나 관계자가 전화를 받지 않고 피한다고 보도해버린다. 결국 그동안 교육청에서 무언가 큰 잘못을 한 것처럼 비춰지게 된다.

개인적인 경험에 의하면 오히려 솔직해지는 것이 낫고 있는 그대로 이야기하는 것이 좋다는 것이다. 다만 말하지 않아도 되는 정보를 굳이 노출시킬 필요는 없고, 사실과 근거 위주로 이야기해야 한다. 또한 어느 선까지 이야기할지는 개인이 판단해서는 안 되고 장학관이나 과장과 상의해 정해야 한다. 이런저런 이야기를 두서없이 말하는 것보다 말해야 할 핵심적인 내용을 육하원칙에 따라 미리 정리해두는 것이 좋다. 잘못한 것도 없는데 굳이 떨거나 두려워할 필요 없다. 피하는 것보다는 통화하는 것이 낫고, 전화보다는 대면하는 것이 낫다. 관련 근거나 자료를 정리한 것이 있다면 이메일로 보내주어 이해를 돕는 것도 필요하다. 경험 많은 기자들은 5분 정도만 이야기해도 어떤 상황인지 금방 파악한다.

간혹 언론사에서 특정 정책에 대해 집요하게 접근하는 경우도 있는데 이때는 더욱 신중히 대응해야 한다. 담당자 혼자 감당하기보다는 부서 차원에서 대화 창구를 통일하고 합의된 최소한의 내용을 전달하는 방식으로 대응해야 한다. 언론에 대해 잘 알고 경험이 많은 장학사가 총괄하여 언론사를 상대해야 하며, 교육청의 정책 방향을 생각하여 잘 조율해야 한다. 객관적인 데이터를 중심으로 이야기하는 것도 중요하다. 단순히 감으로 이야기하거나 그럴 수 있다는 식으로 대답하는 것은 더욱 위험하다. 우수 사례는 무엇인지, 언제부터 언제까지 어떻게 정책을 시행했는지, 예산이 얼마인지, 왜 시작했는지, 효과는 무엇인지, 선행연구는 되었는지, 관련된 법적 근거는 무엇인지 등을 구체적으로 밝혀야 한다. 그렇게 데이터 중심으로 접근하면 기자들이 오히려 긍정적인 방향으로 기사화하기도 한다. 특히 어떤 교육 주체의 몇 퍼센트가 해당 정책을 지지하는지 등을 설문조사를 통해 제시할 수 있다면 방어하기에 좋다. 이는 기자들이 가장 선호하는 방식이기도 하다.

때로는 경계심을 가졌던 기자들과 종종 전화 통화를 하다 보면 개인적인 친분이 생기기도 한다. 경험이 많고 예리한 기자들은 상대방이 전문성이 있을수록 더 존중해준다. 언론사와 접촉하는 것은 긍정적인 경험이다. 교사일 때는 접할 수 없는 다른 세계를 만나게 되는 것이다.

고난의 기간 – 행정감사, 국정감사, 예산

학교는 정기적으로 감사를 받는다. 몇 년을 주기로 종합감사를 받는 것이다. 시·도 교육청이나 교육지원청도 매년 국회와 시·도의회에서 전반적인 행정에 대해 정기감사를 받는다. 국회에서 받는 것은 국정감사이고, 시·도의회에서 받는 것은 행정감사다. 이 두 감사가 교육청에서 가장 힘든 일이다. 보통 교사들에게는 국회나 시·도의회가 크게 와닿는 존재가 아니다. 국회의원이나 시·도의원들은 역시 언론에서나 보는 존재일뿐 접할 기회가 별로 없다. 그런데 장학사가 되면 이들의 권한이 어느 정도인지 실감하게 된다. 행감이나 국감 때는 국민들에게 위임받은 큰 권력을 행사하는 이들이라는 것을 직접 실감하게 된다.

시·도 교육청의 본청에 일하는 공무원들은 국정감사와 행정감사에 이어 예산 시즌이 다가오면 누적된 피로로 체력의 한계를 느끼곤 한다. 지역교육청은 국정감사보다는 행정감사에 초점을 맞춘다. 사실 국정감사는 전국의 교육 분야 전체를 특정 기간에 보는 것이어서 시·도 교육청 자체에 대한 내용은 많지 않다. 2~3일 동안 전체 시·도 교육청을 다 훑어보는 것이므로 현실적으로 정책 하나하나를 모두 볼 시간은 없다.

교육청을 힘들게 하는 것은 행정감사다. 행정감사는 시·도의회에서 해당 시·도 교육청만을 들여다보기 때문에 민감한 정책은 모두 한 번씩은 언급된다. 의원이 어떤 정책을 잠깐 언급했다 하더라도, 부서와 담당자는 관련된 자료를 모두 준비해야 한다. 또한 국정감사나 행정감사 모두 언급되거나 개선을 요구하는 사항은 따로 모아서 개선책을 마련해야 한다. 매년 하반기에 운영되는 연례행사지만 부서원 전체가 집중적으로 힘을 모아야 한다. 행정감사와 국정감사는 주제가 상당히 많기에 준비하고 만들어야 할 자료들도 엄청나다. 이것을 위해서 며칠 밤을 꼬박 새기도 한다. 때로는 기존 정책이 뒤바뀌기도 하고, 담당자나 부서의 인력과 예산에 여파가 미치기도 한다. 국정감사는 10월, 행정감사는 11월쯤 하는데 교육청에서는 9월 이후에는 국감과 행감을 준비하고, 바로 이어서 예산 시즌을 준비한다. 차년도 정책을 준비, 기획하고 그에 따른 예산을 추계한다. 교육담당 부서의 이러한 작업은 모두 교육과정에 대한 이해도가 높은 장학사들이 중심이 되어 이뤄진다.[13]

시·도 교육청 본청에서는 행정감사, 국정감사, 예산 시즌이 되면 업무 과부하로 교육청 근무자 모두가 정말 힘들어한다. 지역교육청도 힘든 건 마찬가지이지만, 본청의 업무 강도와는 비교할 수 없다. 다른 업무를 할 수 있는 여력이 생기지 않을 만큼 힘들어서 이 시기에 탈이 나는 사람도 발생한다. 본청 근무 경험이 있는 장학사들이 대단한 사람들은 아니지만 버티기 힘든 업무 강도를 견뎌낸 것은 맞다.

의원들을 상대하는 것도 쉽지 않다. 국회의원이나 시·도의원을 상대할 때도 꼭 챙겨야 할 것이 있다. 이 작은 몇 가지를 놓치면 일이 생각보다 커져서 때론 수습하기 어려워지기 때문이다. 먼저 업무와 관련된 위원회 소속 의원들과 안면을 익혀두는 것이 좋다. 초임 장학사들은 정치인이라고 굳이 의전이나 인사치레가 필요하냐고 생각하기도 한다. 그러나 정치인이라서가 아니라 그 분야에 대해 국민에게 위임받은 권한이 있는 사람이기 때문에 그렇다. 국회의원이나 시·도의원은 국민의 위임을 받아 해당 분야 정책에 대한 견제, 감사, 예산에 대한 권한을 행사하는 것이다. 장학사가 '저들이 나보다 교육을 알아?'와 같은 자세로 접근하면 일을 그르치고, 결국에는 의원들의 권한이 막강하다는 것을 뒤늦게 실감하게 된다.

그리고 가능하다면 의원들에게 사전에 업무에 대해 설명해두는 것이

---

13) 학교 설립 등 특정 부서는 일반행정직이 주가 되기도 한다.

좋다. 의원들은 교육 전공자가 아니므로 교육정책의 맥락을 잘 모르는 경우가 많다. 그러므로 평소 교육정책 업무를 왜 이러한 방식으로 하는지 설명해두어야 한다. 이렇게 하면 감사 중에 문제가 발생해 의원에게 엄청 깨지거나 정책에 대한 예산 삭감을 예방할 수 있다. 결국 이것은 장학사 본인뿐 아니라 지역 내 학교와 학생들을 위하는 길이다. 실무자들 입장에서는 나름 최선을 다했는데 왜 원치 않는 결과가 나온 것인지 억울할 수도 있겠지만, 어쩌면 의원들에게 사전 설명을 제대로 하지 못한 결과일 수도 있는 것이다.

이런 방식의 대응을 교육청에서는 총체적으로 '정무적 대응', '정무적 감각'이라고 표현한다. 사실 교육청에서 '일을 잘한다.'는 것은 업무처리가 능숙하거나 빠르다는 뜻이 아니다. 선제적으로 언론과 의회 대응을 잘하는 것을 의미한다. 이런 감각은 선배들이나 주위에서 배우는 경우도 있지만 일부 타고난 사람도 있다. 흔히 말하는 정치적 감각이 있는 사람들이다. 다만 이러한 정치적 행동들이 자신만을 위한 것인지, 정책을 위한 것인지는 구분해야 한다. 정책을 위한 것이라면 칭찬받아야 할 행동임이 마땅하다.

장학사는 새로운
성장의 시작이다

2.

장학사는 교육전문가다

장학사의 성장에 관해 어떻게 이야기를 시작해야 할지 난감하다. 장학사의 성장을 과연 무엇을 기준 삼아야 할지 판단하기가 어렵기 때문이다. 업무 전문성으로 봐야 할지, 행정 전문성으로 봐야 할지, 정책 전문성으로 봐야 할지, 네트워크 전문성으로 봐야 할지, 아니면 인성이나 역량으로 봐야 할지 생각할수록 그 기준이 다양하다.

장학사의 성장을 위한 제도적 시스템은 현재로서는 많지 않다. 거의 없다는 표현이 정확할 것이다. 장학사는 교육청에 잠깐 머물다 가는 존재 정도로 인식되며 각자도생해야 하는 구조다. 대부분의 장학사들은 장학사 시험을 치르기 위해 공부했던 때, 즉 교사 시절이 가장 공부를 많이 할 수 있었던 때라고 말한다. 석사나 박사 과정을 시작하기 전에 해당 분야에 대해 알아보기 위해 공부했던 시간이 석·박사 과정 못지않게 가치 있었다는 이야기와 같은 맥락이다. 나 역시 같은 생각이다. 자기가 필요한 공부를 자발적으로 찾아가며 했기에 의미 있었던 것이고, 중요한 것은 그때는 성장할 만한 여유가 있었다는 것이다. 교사는 퇴근이 빠른 편이고 재충전할 수 있는 방학도 있어 시간적으로 비교적 여유롭다. 물론 교사도 여유롭지 않다고 말하는 이도 있다. 개인마다 처한 상황에 따라 차이는 있겠지만 교무부장이나 연구부장 정도를 제외하고는 장학사와 비교해 여유가 있는 편이라는 뜻이다. 장학사들의 업무는 예외 없이 많고 까다롭다. 한가한 장학사가 있다는 이야기는 들어본 적이 없다. 늘 업무에 쫓겨 허덕이고 정신없다. 업무 성격이나 발령지에 따라 차이가 있겠지만, 쉬운 업무라 하더라도 기본 업무량 자체가 많다. 때문에 성장을 위한 전문성을 쌓기는 쉽지 않다. 시간적 여유가 충분하지 않다는 뜻이다.

교육청에서는 장학사들의 성장을 위해 체계적인 지원을 해주지 않는다. 연수를 제공하지만 형식적이고 일회적이라 성장에 도움이 되지는 않는다. 일반적으로 '장학사' 하면 교육전문직원이라는 명칭이 말해주듯이 교육에 대해 전문성이 있는 사람을 떠올린다. 장학사들은 정말 교육에 전문성이 있는 사람일까? 그렇다면 전문성을 갖추기 위해 어떻게 노력할까? 내가 지켜본 바로는 별로 그렇지 않다. 적지 않은 장학사들이 승진을 위해 이 길을 택한다. 그러니 긴장에서 벗어나는 2~3년 차가 되면 매너리즘에 빠지고 시간이 흘러 4~5년 차쯤 되면 학교로 가고 싶어 한다. 교감이 되기 위해 현재를 버티는 셈이다. 이러한 심경의 변화는 언행을 통해 나타난다. 주변 사람들이 이것을 모를까? 누가 봐도 티가 난다. 장학사 제도에 대해 승진의 지름길일 뿐이라는 비판이 많아지는 대목이다. 장학사가 되면 확정되는 교감, 교장 자격의 보장이 장학사들의 성장을 가로막고 있는 것은 아닐까?

당당하게 "나는 교육전문가입니다."라고 말할 수 있는 장학사들이 많아졌으면 좋겠다. 그러면 교육전문가라는 것은 어떻게 증명해야 할까? 정답은 장학사 스스로가 가장 잘 알 것이라고 생각한다. 전문성은 업무 매뉴얼에서 나오는 것도 아니고 의전에서 나오는 것도 아니다. 일회적인 행사를 많이 개최한다고 그를 전문가로 보는 사람은 아무도 없다. 어떤 전문성이 필요하다고 콕 짚어 이야기할 수도 없다. 획일적일 수는 없기 때문이다. 분명한 것은 장학사는 소수의 사람들이고 교육전문가이고 일반행정직에게는 없는 교육적인 무엇인가가 있어야 한다는 점이다. 그에 대한 입증 책임은 장학사 본인에게 있다.

장학사 합격은 끝이 아닌 시작이다. 단지 교육청에 근무한 경력만으로 전문성을 입증하던 시대는 지났다. 전문성을 입증할 구체적인 전략이 없다면, 그리고 관행적인 선배들의 전철을 따를 것이라면 장학사 도전에 대해 다시 한 번 심사숙고하기를 바란다. 교육청에서 장학사가 맡는 업무가 학교에 미치는 영향력이 그만큼 크기 때문이다. 장학사는 늘 새로운 것을 추구해야 한다. 부디 무엇인가에 갇히지 않았으면 한다. 장학사의 권위는 스스로 만드는 것이지 주어지는 것이 아니다. 전문성은 굳이 스스로 말하지 않아도 드러나게 마련이다. 특정 자리의 타이틀을 얻는 것과 의미 있는 일을 통해 성장하는 것은 전혀 별개의 일이다.

장학사의 다양한 진로

장학사가 되면 징계를 받거나 정년이 얼마 남지 않았거나 지병 등 개인적인 사유가 있지 않는 이상 교감을 거쳐 교장이 된다. 장학사들은 모두 교장이 된다고 해도 과언이 아니다. 그 외에 많지는 않지만 다른 길로 가는 이들도 있다.

장학사 중 일부는 장학관이 된다. 굳이 비율로 따지자면 20퍼센트 내외 정도다. 시·도 교육청별로 장학관의 비율이 다르긴 하나 일반적으로 그다지 높지 않기에 다수가 장학관이 되기는 어렵다. 장학관은 임명으로 이루어지는데 최근에는 과거와 달리 면접을 거쳐 임명한다. 면접을 보긴 하나 실적도 있어야 하고 네트워크도 좋아야 한다. 사실상 교육청에서 여러 활동을 통해 인지도가 있는 이들을 지명하는 셈이다.[14] 장학관으로 교육청에서 근무하게 되면 무보직 장학관(5급 상당)으로 시작한다. 보통 교육지원청에서는 과장급에 해당하며, 시·도 교육청 본청에서는 팀장에 해당한다. 장학사들 중 열정이 있거나 역량이 검증된 이들은 이렇게

---

14) 법적으로는 선발이나 공모가 아닌 임명이다. 즉, 공개채용인 장학사와 달리 장학관은 교육감의 권한으로 임명된다.

장학관이 되는 것이 가장 일반적이다.

그 외에는 연구자의 길로 가는 경우가 있다. 대학 교수나 국책연구기관의 연구자로 이직하는 것이다. 교사들도 연구자로 이직하는 경우가 있으니 같은 맥락이다. 장학사 중에도 연구자의 비율이 꽤 있다고 볼 수 있다. 국책연구기관(한국교육과정개발원, 한국교육과정평가원, 한국직업능력연구원 등)에서는 과거 해외 대학의 박사나 국내 유수 대학의 박사들을 선발하는 경향이 강했는데, 최근에는 현장성 강화를 위해 전문성 있는 현장 그룹에서 선발하려 한다고 알려졌다. 그 외에 아예 사직하고 자신만의 일을 시작하거나 정치권으로 가는 경우도 본 적이 있다.

비율 자체는 높지 않지만, 장학사가 된 후에도 꿈을 가지고 여러 일들을 하면서 자신의 분야를 개척해가는 이들이 있다. 장학사 합격이 끝이 아니라 시작이라는 말은 바로 이런 사람들을 두고 한 말이다. 의미 있는 일을 하기 위해 끊임없이 고민하고 노력하는 이들이 있어 세상은 변화한다.

일 잘하는 장학사 되기

신경 써야 할 것도 해야 할 일도 너무 많은 장학사

장학사가 교사일 때와 다른 점은 상사가 많다는 것이다. 교육지원청으로 따지면 과장, 국장, 교육장 등을 말하며, 시·도 교육청으로 따지면 장학관, 과장, 국장, 기조실장, 부교육감, 교육감 등이다. 수직으로 따지면 이러한데 옆도 봐야 한다. 다른 팀, 다른 과도 신경 써야 한다는 뜻이다.

교사일 때는 수업과 학급 관리를 잘하고 교장, 교감 선생님의 의중이 어떠한지 정도만 파악하면 되었다. 가끔은 행정실과의 관계를 생각해야 할 때도 있다. 그와 비교해 교육청은 신경 써야 할 것들이 더 많다. 상사와의 관계와 더불어 대외적인 관계도 생각해야 한다. 대외적인 관계란 의회 관계, 정책과 관련한 학생, 학부모, 교원, 일반행정직의 여론, 교원단체의 입장, 교육부나 상급기관의 입장, 예산 지원에 대한 지자체의 분위기, 언론의 시각 등이다. 그리고 이 모든 상황 속에서 소위 윗분[15]들의 의중도 잘 살펴야 한다. 그런데 이것이 전부가 아니다.

실무자는 법적 근거나 관련 조례, 상급 기관의 매뉴얼 숙지, 그리고 관련된 과들과 협의를 통해 사업 추진 여부를 판단하여 정책적 대안을 1안에서 3안까지 만들어야 한다. 그러고 나서 빠르게 상사들의 결재를 받아 정책을 진행하여야 한다. 때로는 읍소가, 때로는 설득이, 때로는 침묵이 필요하다. 전임자에게 받은 파일에 의존하여 숫자 바꾸기로 일관하는 것이 시·도 교육청, 특히 본청에서는 거의 불가능하다. 정책 혹은 사업이 진행되면 바로 보도자료 등을 통해 언론에 알리고, 동시에 학교 등 관련 기관에도 공문으로 알려야 한다. 이것을 신속하게 진행하고 매끄럽게 처리하는지가 역량의 기준이다.

---

15) '윗분'이라는 표현의 어감이 좋지 않을 수 있다. 결재 라인에서 위에 해당하는 분들이라고 이해하면 좋을 듯하다.

이 과정에서 불가피하게 불협화음이 발생한다. 관련된 타 부서와의 마찰, 교원단체나 학부모 단체와의 마찰 혹은 집단 민원이 그 원인일 수 있다. 장학관의 생각이 다르거나 중간에 교육감이나 교육부 차원에서 중단이나 수정을 지시해서일 수도 있다. 이러한 상황에 맞닥뜨리면 실무자는 어떻게든 해결하려고 노력하지만 때로는 해결책이 나오지 않을 수도 있다. 그러면 개인의 고민을 멈추고 집단지성을 이용해야 한다. 위에서 말한 다양한 네트워크와 전임자들, 그리고 문제와 관련된 이들에게 아이디어를 얻어서 최대한 다양한 방식으로 해결을 시도해야 한다. 때로는 정석대로, 때로는 우회하여 돌파해야 한다. 바로 이것이 장학관의 실력이고 정무적인 감각이다.

많이 깨지고 혼나며 고민하라

일을 하다 보면 상사들에게 많이 깨지고 지적을 당하기도 한다. 그들의 생각과 실무자의 생각이 다를 수 있기 때문이다. 장학사는 결재를 받아야 사업기획이나 공문을 시행할 수 있기 때문에 자신의 생각이 늘 최선은 아니다. 실무자의 철학도 중요하지만, 장학관이나 팀장을 어떻게 설득할 것인지가 더 중요하다. 장학관이나 팀장이 중요하게 여기는 것은 현실성과 구체성이다. 기획안이나 사업 계획이 보기에만 그럴싸하고 현실성과 구체성이 없다는 생각이 들면 거부될 확률이 크다. 실제로 많은 장학사들의 사업 계획이 거부되는 이유가 바로 이것이다. 목적성, 효과성, 실효성, 로드맵 등을 충분히 구체적으로 설명해야 실현 확률이 높다.

장학관들은 대부분 많은 장학사를 경험한 이들이기에 사업 계획의 장단점들을 빠르게 파악할 수 있다. 개인이 아닌 집단지성으로 고민하고, 수많은 피드백을 받아본다면 실패 확률이 낮아진다. 그러니 이들이 쉽게 결재해주지 않는 것을 탓할 것이 아니라 스스로 얼마나 많이, 깊게 고민했는지를 생각해보아야 할 것이다.

여러 경험이 쌓이면 결국 나의 실력이 향상된다. 나는 사고를 치고 수습하는 과정에서 더욱 성장했던 것 같다. 완벽주의보다는 남들보다 반박자 빠르게 움직이고 대응하고 기획하는 민첩성, 문제가 있다면 바로 인정하고 수습하는 유연성이 더 중요하다. 실수가 너무 잦으면 곤란하지만 인간은 실수를 통해 성장하는 것 또한 사실이다.

장학사는 전임자가 만들어놓은 것을 이어받아 사업을 추진해야 할 때도 종종 있다. 이때는 전임자의 큰 틀을 이어받되, 자신만의 스타일에 맞게 수정하는 것이 중요하다. 전임자가 한 것을 무조건 그대로 이어받는 것도, 반대로 내 뜻대로 마구 바꿔버리는 것도 바람직하지 않다. 학교나 유관 기관 입장에서는 담당자가 바뀌었다고 사업이 완전히 틀어져버리면 매우 곤란하기 때문이다. 일단 중간에 이어받았으면 당분간은 큰 변화 없이 유지하되, 기회가 된다면 자신만의 스타일을 조금씩 입혀가는 것이 좋다. 물론 장학관 등의 동의가 필요하다. 적절한 타이밍을 아는 것도 기술이라 훈련이 필요하다. 아무 때나 자신의 색깔을 드러내면 무리수라는 지적을 받기 십상이다.

갈등을 넘어 교류하고 협업하라

그렇다면 교육청에서 일 잘하는 사람이라고 소문난 사람은 어떤 사람일까? 깔끔하게 기획하는 사람? 사업 추진을 잘하는 사람? 인성이 좋은 사람? 상사들과 관계를 잘 맺고 잘 보좌하는 사람? 의전을 잘하는 사람? 대외적으로 이미지가 좋은 사람? 대외 활동이 많은 사람? 일반행정직과의 관계가 좋은 사람? 다 맞는 말이다. 그러나 10여 년 교육청에 있으면서 다양한 사람을 만나 일해본 결과, 일 잘하는 가장 중요한 요소는 다름 아닌 협업이었다. 그러나 해당 분야에서 일 잘하기로 공인된 장학사들이 모여 있다 보니 협업이 생각보다 쉽지 않다.

더군다나 장학사 인력은 인원 보강이 쉽지 않아 인력 충원 문제로 인한 업무 갈등이 생각보다 많다. 교육지원청을 기준으로 할 때 초등교육과와 중등교육과의 갈등도 그렇고, 초등과 중등이 함께 공존하는 시·도교육청 또한 예외는 아니다. 이는 관행 때문인 경우도 많다. 예를 들어 교육지원청의 수능 관련 업무는 모두 중등 업무로 치부되는 경향이 있는데, 인력의 한계로 인해 굉장히 힘든 것이 사실이다. 그런데 초등에서 이를 지원해주는 곳은 많지 않다. 장학사로서 유·초·중등 할 것 없이 어떤 업무든 해야 할 상황이면 해야 하는데, '그 업무의 담당은 누구'라는 관행이 존재한다면 협업이 결코 쉽지 않다. 서로에 대한 이해가 부족하고 구조적인 문제도 있고, 무엇보다 윗선에서 정리해주지 않아서 실무자 간의 갈등이 커지는 것이다.

교육청에서 오랜 기간 근무하면서 초등과 중등, 유아, 비교과, 일반행정직 등 다양한 이들과 교류하며 같이 일했다. 그 과정에서 크게 느낀 점은 모든 이들에게 배울 점이 있다는 것이다. 뿌리가 다르다고, 나와 다른 성격의 일을 한다고, 나와 다른 직종이라고 선을 긋거나 배타적으로 대한다면 주변에 남는 것은 오직 내가 속한 동질 집단뿐이다. 결국 동문이 우선시된다는 것인데, 동문이 모든 것을 다 해결해주지 않기도 하거니와 역사적으로 볼 때 폐쇄적인 집단은 결국 자멸했다. 동문을 무조건 우선시하며 일하는 방식에서 탈피해야 할 필요가 있다는 뜻이다.

일할 때는 업무 역량으로 승부를 봐야 한다. 먼저 장학사가 되었다고 더 능력 있는 것도 아니고 일반행정직이라고 교육과정에 대한 이해가 없는 것이 아니다. 그 사람의 배경은 중요하지 않고, 짧든 길든 나와 함께 일한다면 동료다. 개인적인 부분이 아닌 업무 차원에서 상대를 평가하고 바라보는 것이 필요하다. 내가 선배들로부터 배운 것은 그것이고, 배운 것을 온전히 실천하는 데는 꽤 오랜 시간이 걸렸다. 그 결과 도움과 협력이 필요할 때 청할 수 있는 좋은 관계들이 많이 남았고, 지금도 감사한 마음으로 종종 연락하고 자문을 구한다. 재밌는 것은 교류한 지 몇 년이 지난 후에 사석에서 내가 어떤 교과임을 처음 알게 된 분도 있었다. 그만큼 업무를 함에 있어 특정 교과임을 내세우지 않고 일했다.

배경이나 출신을 따지지 않고 교류한 많은 분들과의 관계는 소중한 자산이다. 특정 교과에 집착했다면 더 많은 발전이 없었을 것이고, 나의 시각은 매우 제한적이고 관행적인 틀 안에 머물렀을 것이다. 남들이 보지 못하는 것을 보는 안목은 바로 유연한 시각에서 출발한다. 나의 부족함을 채워주는 것은 이질 집단과의 교류에 있다. 내가 보지 못했던 다른 시각으로 바라보고 생각하지 못했던 것을 깨닫는 것은 소수 의견을 존중하는 것에서 출발한다. 소수자는 다수자의 관행에 대해 비판적 시각을 가진다. 관점을 달리하면서 생각하는 것은 교육정책에 있어서 꼭 필요한 부분이다. 교육은 다양성을 기준으로 접근해야 하기 때문이다. 모두가 그러하듯 장학사 역시 완벽한 사람이 아니다. 결핍과 부족함 속에서 배워가면서 교육을 위한 무언가를 기획할 수 있는 기회를 가질 수 있음에 감사하는 마음이다.

아직도 갈 길이 멀지만 살아갈수록, 경험할수록 느끼는 것은 세상에는 나보다 훌륭한 분들이 무척 많다는 것이다. 새로운 시도나 새로운 경험을 할 때마다 겸손함의 무게는 점점 늘어난다. 교육청에서 일 잘하는 장학사가 되기 위해서는 내가 틀릴 수 있다는 것, 나와 다른 생각을 하는 이들이 있다는 것, 내가 부족함이 많다는 것을 인지하고 주변인들과 좋은 관계 맺는 일부터 시작해야 한다.

장학사는 행정가일까, 연구자일까?

장학사는 교육 전문성을 가진 행정가다

나는 교육청 생활 10년 동안 많은 사람들을 만났다. 대부분의 장학사들이 해당 근무지에서의 네트워크가 전부인 것과 비교하면 17개 시·도교육청 중 여러 곳에서 근무하고 교육부나 국책연구기관, 교육 관련 관계자들과도 만나거나 함께 일했기에 네트워크가 훨씬 넓다. 나는 수백 명 이상의 교육전문가와 같이 일했고 TF 작업만 10년간 100건 넘게 경험했다. 다만 이러한 경험은 개인적인 선택에 따른 결과다. 누구나 이렇게 해야 하는 것은 아니지만 한 번쯤 고민해볼 가치는 있다고 생각한다.

많은 활동을 하며 바쁘게 지내는 동안 응원해주는 사람도 만났지만 불편한 시선으로 바라보는 사람도 있었다. 개인이 역량을 발휘하여 활동하는데 문제될 것이 있냐고 생각할 수도 있지만 조직 안에서 또는 주위에서 불편한 시선이 생길 수도 있다. 그러므로 다양한 경험들을 하고 싶다면 먼저 자신이 맡은 일을 철저히 하는 것이 꼭 필요하다.

장학사가 무슨 연구를 하냐고 묻는 이들도 있었다. 아마도 장학사가 행정가일 뿐이라는 생각 때문일 것이다. 즉 상부에서 지시하는 일들을 기획하고 사업을 진행하는 역할이라고 해석하는 것이다. 그런데 그런 역할은 일반행정직(사무관, 주무관 등)도 다 할 수 있는 것이다. 교육 관련 전공자가 아닌 이들도 할 수 있는 일이라면 굳이 장학사가 할 필요는 없다고 생각한다. 시키는 일만 하면 된다는 생각은 부끄러울 것까지는 아니어도 자랑스럽게 말할 생각은 아닌 것 같다.

장학사는 늘 학교와 현장을 이야기하지만, 정작 학교와 현장에 대해 얼마나 파악하고 있는지 묻고 싶다. 행정에 파묻혀서 사업에 파묻혀서 학교와 현장을 살펴볼 시간이 많지 않은 것도 현실이다. 실제로 장학사가 학교를 방문하는 것은 민원이 발생해서 의무적으로 방문하는 것이 대부분이다. 장학사의 방문이 학교 측은 부담스럽고 장학사 본인도 매너리즘에 빠진다. 이는 장학사의 전문성에 대한 고민과도 이어지는 부분인데, 장학사가 전문성을 키우려면 현장에 대한 이해와 교육과정 전문성을 기반으로 학교와 교육정책에 대해 고민하고 연구해야 한다.

학교 현장에서 전문적 학습공동체[16]를 운영하듯, 교육청에도 장학사들의 전문적 학습공동체가 있다. 하지만 담당 업무가 다르고 당장의 업무가 우선시되다 보니 형식화된 것도 사실이다. 장학사 기수 모임, 장학사 워크숍 등도 있지만 대부분 일회적이고 얼굴 보고 식사 한번 하는 데 의의를 가진다. 그래서인지 장학사들의 성장에는 도움이 되지 않고 크게 관심을 가지지도 않는다. 물론 여러 사람들과 대화를 나누다 보면 성장에 도움이 되는 부분도 있겠지만, 이는 개인차가 있다. 게다가 교육청에서도 장학사들의 역량 강화에는 크게 신경 쓰지 않는다. 어려운 시험을 통과하여 선발, 배치되었지만 업무에 매몰되다 보니 교육정책이나 학교 현장에 대한 연구는 장학사 직을 수행하는 5년 내내 거의 할 틈이 없다.

연구자라는 새로운 역할을 고민하다

이러한 상황 속에서도 장학사로서의 성장을 갈구하는 이들이 있다면, 연구자가 되는 것을 추천한다. 장학사의 전문성은 장학사 직 자체에 있지 않다. 이제는 장학사가 되었거나 장학사 업무를 수행한다고 해서 전

---

16) 지역마다 명칭이 다르다.

문성을 가졌다고 생각하는 시대가 아니다. 토론회를 참석하더라도 장학사보다는 교원단체 대표로 온 교사나 관련 연구를 한 교수, 국책연구기관 관계자의 말이 더 설득력을 가진다. 장학사는 단순히 업무 담당자이자 해당 사업에 대해 방어적인 보수 관료로 인식되는 경향이 있다.

연구자가 되는 방법은 박사 학위 과정을 시작하는 것이다. 장학사가되기 전 박사 학위를 받은 교사도 있지만, 대부분 특정 교과 전공이어서 장학사 직을 수행하는 데는 큰 도움이 되지 않을 수 있다. 그래도 박사 과정을 졸업했다는 것 자체가 글을 쓸 수 있고 연구력이 있다는 것에대한 인증이기에 업무 수행에 도움이 될 수 있다. 장학사가 된 이후에는업무로 바빠 박사 공부를 할 생각을 하지 못하는 것이 일반적이다. '내가교수가 될 것도 아닌데 굳이?'라는 생각으로 아예 거리를 둔다. 어찌어찌박사 과정을 수료해도 논문을 쓸 엄두를 내지 못하는 경우도 많다.

교육청의 장학사들이 일하는 방식이 케이스 바이 케이스인 이유 중하나가 데이터를 근거로 일하지 않기 때문이다. 간단한 설문이나 통계자료만 있어도 신뢰도가 올라갈 텐데 관행이나 개인적인 생각, 전임자에게 받은 자료에만 의존하는 방식을 고수한다. 최근에는 석사 학위가 있는 이들도 많지만, 사이버대학원의 확산으로 인해 논문을 써보지 않은경우도 상당히 많다. 논문을 쓴 경험이 없다는 것이 문제는 아니지만 장학사 역할을 수행함에 있어서 한계점으로 느껴질 가능성은 크다.

현장 교사들도 박사 과정을 밟고 관심 분야에 대한 연구를 하고 책도쓰면서 전문성을 쌓고 있다. 그러므로 장학사들도 이제 본격적으로 연구자로 나서야 한다. 지금까지 장학사는 안 그랬는데 왜 그래야 하냐고 묻는다면, 앞으로의 장학사는 과거의 장학사와는 다른 역할을 해야 하기 때문이라 말하겠다. 교육자치 이후 장학사들에게 새로운 길을 개척해야 하는 연구자의 역할이 강조되고 있다. 특히 시·도별로 자체 교육정책을 생산해내야 하기에 장학사들의 교육정책 역량에 대한 요구가 더욱더 높아지고 있다. 모든 장학사가 연구자가 되어야 하느냐고 묻는다면 개인적인 생각은 '그렇다.'이다. 후배 장학사들이 전문성을 놓치지 않기 위해 박사 과정을 병행했으면 하는 바람이다. 벅차고 힘든 과정이지만 조금이라도 젊을 때 해두는 것이 체력적으로도 뒷받침이 되고 활용할 기회도 더 많이 얻을 수 있다.

만약 박사 과정을 시작한다면 인지도가 있거나 해당 분야에 전문성이 있는 대학원을 가는 것이 당연히 좋다. 하지만 해당 대학원이 가까이에 있지 않다면 쉽지 않을 것이다. 그럴 때는 인근의 국립대학교나 인지도 있는 사립대학교를 추천한다. 어떤 전공을 할 것인가도 중요하다. 개인적으로는 장학사 시작 전에는 교사로서 관심 있는 분야를, 장학사 시작 후에는 교육행정, 교육정책, 교육과정 분야를 선택하는 것이 더 좋다고 본다. 그러나 꼭 정답이 있는 것은 아니므로, 관심 분야 혹은 업무 분야와 맞는 영역을 선택하면 될 것이다.

장학사로서 박사 학위를 가지면 뭐가 좋은지 물어보는 이들이 있는데, 일단 학습에 대한 욕구를 채울 수 있고 연구자로서의 기본 자질을 갖출 수 있다. 연구 방법에 대한 기본적인 이해와 더불어 글쓰기의 기초를 어느 정도 다졌다고 볼 수 있다. 박사 논문을 쓰는 것은 엄격히 정해진 룰과 절차를 따르는 것이라, 체계적이고 엄정하고 구조화된 글쓰기를 할 수밖에 없다. 이 방식이 내면화된다면 앞으로 연구자로서 활약할 수 있는 계기가 마련된다.

장학사(행정가)이자 연구자로서 교육정책 연구에 참여하여 연구물을 발표하고 소논문을 발표하면 학계에 이름을 올릴 수 있다. 나의 주장이 학설로 인정받게 되는 것이다. 이를 바탕으로 시·도 교육청 연구나 국책 연구기관의 연구에 참여하게 된다면 현장성 있는 교육정책을 만들어낼 가능성이 높아진다. 연구에 참여하다 보면 특정 분야에 전문성이 생기고, 그것을 저서나 강의로 대중들에게 인식시킬 기회가 생기기도 한다. 개인에게도 영광이지만, 학교 현장에도 긍정적인 영향을 미칠 수 있다. 어느 정도 인지도가 쌓이면 국회나 시·도 의회에서 주최하는 각종 공청회나 토론회에 참여할 기회도 생기고 언론과 인터뷰를 진행할 수도 있다.

참 어렵고 비현실적이고 특별한 경우라고 생각하는 이들이 많을 것이다. 그러나 이러한 삶을 살아가는 장학사들이 찾아보면 주변에 꽤 있다. 그들은 아무도 가르쳐주지 않았지만 자신만의 분야를 개척해나간 이들이다. 물론 "나는 교장이 꿈이라서 장학사가 된 것으로 만족한다."고 이야기하는 사람도 있다. 그 선택이 틀린 것은 아니다. 장학사가 가장 큰 꿈이었고, 꿈을 이루었다는 이들에게 더 이상 해줄 말은 없다. 그렇지만 도전하는 삶을 살아가는 것처럼 의미 있는 것은 없다.

후배 장학사들에게 전하는 당부의 말

장학사로 5년 이상 근무하다 교감(교장)으로 전직하게 될 때 '전직'이라는 용어 대신 '제대'라는 용어를 사용하는 분도 있다. 장학사 직에서 물러나는 것을 군대 제대와 비유할 정도로 장학사의 업무는 고단하고 어렵다. 지나고 나서 생각하면 찰나에 불과했던 시간들이었고 적응하다 보니 끝이 났다고들 한다. 어설펐던 신규들도 경력자가 되어 후배들에게 자신 있게 조언을 하는 시절이 온다.

장학사는 안 되는 것을 되게 해야 하고 혼자 발을 동동 구르기도 하는 등 외롭고 힘든 싸움을 계속해야 한다. 아무도 가르쳐주지 않아 홀로 고군분투해야 하는 경우가 많다. 동료나 상사도 그냥 믿고 맡기는 경우가 많아 벽에 부딪혀도 상의할 사람이 없다. 회의를 해도 다양한 경우의 수를 종합해야 하는 상황에 머리가 복잡해진다. 꼬인 실타래를 어떻게 풀어야 하는지 고민을 거듭하게 된다. 게다가 교육청 공간이 그렇게 인간적이거나 여유로운 공간이 아니다. 민원 전화를 사무실에서 자유롭게, 자신 있게 받을 수 있는 분위기가 아닐 때도 많다. 장학사의 고충은 아무도 모르고 장학사들끼리도 말을 조심하고 신중한 태도를 취한다. 동기 장학사들도 근무 부서와 지역이 다 다르기에 서로의 고충을 완벽하게 이해하기 어렵다.

내가 가장 많은 도움을 받은 것은 장학사 생활을 먼저 경험한 선배들의 조언이었다. 운 좋게도 동기들보다 조금 이르게 장학사가 되어 교육청에 들어왔다. 그렇다 보니 여러 선배들이 종종 조언을 해주셨다. 다양한 배경을 가진 선배들에게 조언을 구하다 보면 방법이 보이고 일을 해결하는 데 큰 도움이 되었다. 한 가지 느낀 것은 경험자들의 생각이 거의 비슷하다는 것이다. 선배들은 말 그대로 나에게 기댈 언덕이 되어주었다. 또래 동료들에게 의견을 구하는 것도 방법이겠지만, 묘한 경쟁심리가 작용해서인지 이야기가 와전되는 일을 몇 번 목격했다. 서로 고충을 잘 아는 장학사들끼리 그러지 않았으면 하는 바람이다. 결국 남는 것은 사람이고, 사람이 조직의 문화나 분위기를 만들어가는 것이다.

자리가 사람을 만든다지만 그 자리는 영원하지 않다. 지금 있는 장학사도, 장학관도 잠시 거쳐가는 자리일 뿐이다. 교육청에 있는 동안 능력이 뛰어난 사람들을 많이 봤다. 그러나 몇 년 지나면 후배 장학사들은 그를 기억도 못한다. 능력보다는 자신이 현재 이 자리에서 어떤 역할을 하고 있는지, 주변에 어떤 영향을 미치는지, 동료들과 어떤 관계를 맺고 있는지, 현장에서 또는 관련 기관에서 어떤 평가를 받는지가 더 중요한 이유다. 앞에서 달콤한 말을 하는 사람들, 이해 관계가 있는 사람들과는 거리를 두는 것이 더 낫다. 나와 주변에 엄격해지고, 나에 대한 평가에 대해 객관적인 사람이 되어야 한다. '특정 인물에게'가 아닌 '누구에게나' 잘해야 하며 무언가를 바라고 계산적으로 행동하지 않아야 한다.

장학사는 솔직히 힘들다. 그런데 교사도 힘들다. 교감은 편할까? 아니다. 모두 각자의 위치에서 힘들다. 그래도 장학사는 본인이 원해서 선택한 길이다. 그 속에서 누군가는 불만을 토로하고 누군가는 성찰과 깨달음을 얻는다. 그리고 전문성을 쌓아간다. 장학사가 되었다고 끝이 아니다. 세상의 모든 끝은 시작과 맞닿아 있다. 교사 생활의 끝이 장학사의 시작이며, 장학사의 끝은 교감 생활의 시작이다. 결국 돌고 돌아 제자리고, 장학사는 학교 현장에서 다양한 사람들과 교류하며 성장할 수밖에 없다. 장학사로 일하는 것도 언젠가는 끝맺음을 할 날이 올 것이고, 그 기간 동안 무엇을 남길 것인지는 자신의 선택이다.

장학사의 성장을 위한 실무 팁

TF 구성과 연수 개설 노하우

교육청에서는 다양한 사안에 대해 TF를 만들어 대응한다. TF는 실무적인 상황에서 다양한 부서, 팀, 직종 간의 연합체를 만들어 짧은 기간 동안 협업하여 결과물을 만들어낸다. 보통 TF는 실무진 성격의 TF와 위원회 성격의 TF가 있다. 두 TF의 위상은 다르다. 위원회 성격의 TF는 방향성에 대한 합의를 도출하는 것일 뿐, 기획안이나 연구물을 만들지는 않는다. 기획안이나 연구물은 실무진 성격의 TF에서 만들어낸다. 때로 결과물을 빠르게 만들어내기 위해 두 가지 성격의 TF를 하나로 구성하기도 하는데 막상 일이 잘 풀리지 않는 경우가 종종 있다.

위원회 성격의 TF를 구성하는 사람들은 명망가이고 실무적인 일을 할 수 없는 높은 직급에 있는 분들이 많다. 학교 교장급, 교육장급, 외부 학부모나 변호사, 지자체 관계자 등이다. 이들에게 실무 작업을 맡길 수는 없다. 결국 장학사들이 실무 작업을 위한 별도의 TF를 만들어야 한다. 문제는 장학사 마음대로 TF의 실무 위원을 구성할 수 없다는 것이다. 장학사와 장학관을 비롯해 여러 사람들이 추천한 이들이 모여 TF를 구성하게 된다. 그런데 이들이 나와 성향이 맞는 사람인지, 실력이 검증된 사람인지는 또 다른 문제다.

장학사가 일을 추진함에 있어 도움을 받으려면 적어도 실무 TF에 최소 2~3명 정도는 함께 일해본 적이 있는 검증된 인력이 있어야 한다. 그 인원이 없으면 결국 보고서를 혼자 다 써야 하는 상황이 된다. 하지만 혼자 밤을 새워 쓴 보고서가 실제 사용될 가능성은 현저히 낮을 것이다. 그러니 TF를 구성할 때 나와 함께할 수 있는 역량 있는 인재 2~3명은 꼭 포함될 수 있도록 의지를 관철시켜야 한다. 매우 중요한 부분이다. 인력 구성이 문제가 되어 TF가 흐지부지 사라지는 경우는 물론이고 새로 TF를 만드는 경우도 봤다.

교육청에서 최대한 효율적으로 일하기 위해서는 장학사의 경험과 감이 중요하다. 일은 혼자 할 수 없고 여러 사람들과 같이 해야 하므로, 일 잘하는 인력풀을 가지고 있다는 것은 어느 정도 성공을 보장하는 든든한 버팀목이 된다.

연수 개설도 TF 구성 팁과 비슷하다. 교육정책을 확산하고 현실화하기 위해 좋은 강사들을 선정해서 교육과정을 짜고 연수를 개설한다. 시·도 교육청 내 연수기관에서 연수 개설을 도와주기도 하지만, 연수기관도 과부하가 되어 도움을 받기가 쉽지 않을 수 있다. 결국 연수를 직

장학사의 모든 것

영 체제로 하여 교육지원청이나 해당 시·도 교육청에서 직접 만든다. 관련된 강사를 불러서 일회적인 연수를 하기도 하며, 직무연수와 비슷하게 몇 차시 이상으로 개설하기도 한다.

문제는 강사의 질에 대한 부분이다. 추천받은 강사나 외부 명망가들이 꼭 좋은 강의를 보장하지는 않는다. 질 좋은 강의를 위해서는 실제로 직접 모니터링하거나 관련 경험자들에게 일일이 연락해보는 수밖에 없다. 현장 교원 대상 연수, 학부모 대상 연수는 반응이 직접적이고 강하기 때문에 보다 철저한 준비가 필요하다. 때때로 명망가 중심으로 연수를 만들어보라는 요구도 있는데, 실무자 입장에서는 매우 부담되는 상황이다. 그러한 요구에 무조건 순응하기보다는 일정 부분 검증하여 객관적인 데이터로 정리해 보고하는 것도 필요하다. 이를 통해 해당 연수의 강사가 5명이라면 1~2명만이라도 현장에서 평가가 좋은 강사를 꼭 포함시켜야 한다. 실제로 대부분의 연수기관에서는 강사들의 만족도를 평가하여 다시 섭외할지 여부를 판단한다.

어쨌든 연수의 성패에 대해 책임져야 하는 것은 기안자다. 관련된 정보를 파악하고 기획하고 실행하는 것은 모두 실무자의 책임이다. 평소에 다양한 인력풀을 가지고 있거나 주변에 전문가들을 수소문해서 찾아내는 능력과 노하우가 있다면 보다 수월하게 성공적으로 일할 수 있다.

학교 현장과 민원의 현실 마주하기

교육청에서 장학사로 생활하다 보면 여러 외부인과 만날 기회가 있다. 장학사가 만나는 외부인은 교사를 포함하여 학교 관계자, 학부모, 일반인, 유관 기관 관계자, 언론인, 정치인 등 다양하다. 그런데 일부 장학사들은 외부인을 별로 중요하게 여기지 않는다. 조만간 교감 또는 교장으로 승진할 것이라는 생각이 우선되어 그런 것 같다. 그러나 교감이나 교장도 최근에는 성격 자체가 완전히 바뀌어서 민원 처리가 주된 역할 중 하나가 되었음을 기억해야 한다. 장학사 역시 마찬가지다. 그래서 실무자로서 학교를 방문할 때도 소리 없이 조용히 와서 업무만 처리하고 사라지는 경우가 많다. 오히려 방문 사실이 알려지는 것을 꺼리는 모양새다. 그만큼 장학사가 학교 현장에서 외부인을 대하는 것을 어렵게 생각하는 요즘이다. 그러나 너무 위축될 필요는 없다. 그저 존중하는 마음이 있으면 될 것이다.

현장에서 장학사를 바라보는 시선에도 변화가 필요하다. 장학사니 당연히 해당 업무를 해야 하는 사람으로 여기기보다 같은 교육자나 교육계 동료로 바라봤으면 한다. 요즘 악성 민원이 빈번하여 정신적인 치료를 받는 장학사들도 늘어나고 있다. 특히 학교폭력 관련 업무는 소송도 비일비재하고 폭언 등 감당하기 어려운 민원을 받는 경우가 다반사다. 이처럼 장학사를 상대로 갑질을 하는 민원인이 늘어나고 있는 상황을 고려한다면 교사와 장학사만이라도 서로 존중하는 문화가 있었으면 한다. 실제 이러한 악성 민원으로 인해 교육지원청 전화도 통화 내용이 녹음된다는 음성메시지가 나오기 시작했다.

장학사들을 더 힘들게 하는 것은 국민신문고다. 교사들은 국민신문고에 올라간 민원을 받아본 적이 없을 것이다. 국민신문고는 교육지원청까지만 배분되고 학교 현장에는 담당 장학사가 유선으로 알리는 정도다. 장학사가 되면 국민신문고 민원을 직접 받아 처리해야 하는데, 업무에 따라 많은 민원들이 동시에 쏟아지기도 한다. 언론에 특정 사안이 보도되거나 지역에서 이슈가 발생하면 그렇게 된다. 하루에 수십, 수백 통의 국민신문고가 쏟아지기도 한다.

그런데 국민신문고는 장학사 혼자 답할 수 있는 것이 아니라, 장학관들과 어떻게 답변할지 상의하고 최종 결재가 나야 답변이 가능하다. 사안에 따라서는 교육장이나 교육감까지 보고해야 하는 경우도 있어서 답변을 준비하는 데 생각보다 오랜 기간이 걸린다. 이때 관련 법적 근거나 정책 등에 대해 알아보는 것은 물론 관련 학교나 기관이 있다면 정확한 실태 파악도 해야 한다. 장기적으로 보자면 이런 과정을 통해 현장 전문성을 쌓을 수도 있다. 하지만 악의적인 민원이 반복되면 스트레스가 쌓이고 건강을 해칠 수도 있다. 이럴 때는 혼자 대응하지 말고 팀 혹은 과 안에서 함께 대응하며 적극적으로 해결책을 모색해야 한다.

모든 민원이 꼭 안 좋고 피해야 하는 것은 아니다. 정당한 민원을 해결하는 과정 속에서 수많은 교육적 문제들을 고민하고 대응방법과 전략을 갖춰나가면 장학사 또는 교육자의 전문성을 확보하는 계기가 되기도 한다. 장학사를 거쳐 교감, 교장으로 가게 되면 학교 현장에서 다양한 민원을 직접 겪게 될 것이므로 이를 대비하는 훈련과정이라고 생각하면 마음이 편하다. 실제로 민원을 많이 받는 업무를 담당하다 학교로 나간 선배들이 학교 현장에 더 잘 적응한다. 교육청에서 충분히 단련되었기에 민원인을 상대하고 대응하고 해결해나가는 것이 익숙해져서 그럴 것이라 생각한다.

장학사 성장의 핵심 3가지 – 기록, 연구, 네트워크

교육청에서 오랜 시간 근무하면 비슷한 일들이 일정 기간을 주기로 반복되는 것을 확인할 수 있다. 유행이 돌고 돌 듯, 특정 정책이 이름만 바뀌어서 생겼다 없어지기를 반복하는 것이다. 한때는 이게 맞고 지금은 저게 맞고, 그렇게 세월이 흐르다 보면 반복되는 패턴이 생기는 것이다.

그래서 중요한 것이 자료의 축적이다. 교육청 생활 10년 동안 공문, 기획안, 사업계획서, 연구물, 타 시·도 교육청 자료 등을 모았더니 무려 100GB가 넘는다. 이 자료들은 언제든 활용할 수 있는 큰 자산이다. 교육청 장학사들은 2~3년 근무하고 근무지를 이동해 다시 2~3년 근무하다 교감으로 전직하는 것이 일반적이다. 그 과정에서 정책이나 연구의 담당자가 바뀌고 부서 이름이 바뀌면 어떤 장학사가 무슨 일을 했는지 기억하는 사람은 거의 없다. 시·도 교육청이나 장학사가 하는 일이 무엇이냐고 비판을 받는 이유 중 하나가 바로 이것이다.

업무를 추진할 때는 과거에 해당 시·도 교육청 또는 인근 시·도 교육청이 비슷한 업무를 했었는지, 관련 연구가 있었는지 또는 근거 마련을 위해 정책연구를 할 계획이 있는지 등을 알아봐야 한다. 만약 근거가 있다면 참고하고, 없다면 바로 정책연구를 시행한 후 사업기획을 하는 것이 좋다. 시·도 의회나 국회, 언론, 교원단체 등에서는 근거를 가지고 물고 늘어질 가능성이 크므로, 그 정도는 예측하고 대응하는 것에 능숙해져야 한다.

보통 시·도 교육청에서 하는 정책연구는 2,000만 원 정도의 예산이 든다. 그 이상이면 수의계약은 안 되고 공모를 통해 계약을 해야 한다. 대부분 대학 산학협력단을 끼고 교수들에게 위탁하는 방식으로 진행한다. 하지만 이 방식은 일장일단이 있다. 교수들의 연구는 이론이 탄탄하다는 장점이 있지만 아쉽게도 현장성이 부족하다. 근거 마련이 목적이라면 큰 상관이 없지만, 대안 마련이 목적이라면 다른 방법을 찾는 것이 좋다. 현장 연구자들을 찾아서 연구진으로 투입하여 보완하든지 과에서 직접 연구하는 것이 낫다. 직접 정책연구를 한다는 것은 장학사가 직접 연구진(연구책임)을 위촉하여 운영하는 것이다. 이로써 체계적인 연구 진행과 사업기획을 한 번에 해결할 수 있다. 연구책임과 현장 연구자 인력풀은 해당 시·도 교육청 상황을 잘 아는 교원이나 연구자 그룹에서 찾아보면 좋다. 개인적으로 알아보기 어렵다면, 비슷한 연구 경험이 있는 지인, 단체, 조직 네트워크를 통해 알아보는 것을 추천한다. 검증된 연구자들이 제안하는 창의적인 아이디어를 활용하면 교육정책이나 사업기획에 많은 도움이 될 수 있다.

교육청에서 근무하는 장학사는 데이터를 근거로 일하는 방식에 익숙해질 필요가 있다. 추천받은 좋은 인력풀을 적절하게 활용하는 법도 익혀야 한다. 지인이나 선후배 네트워크에만 집착한다면 그들만의 리그가 되고, 현장에서 환영받지 못할 가능성이 크다. 업무 추진과정에 있어 객관성과 현장성, 데이터 기반을 담보한다면 역량 있다고 평가받는 장학사가 될 수 있다. 직접 연구자가 되지 못하더라도, 연구자 그룹을 가까이한다면 긍정적인 평가를 받을 가능성이 크다. 즉, 못해도 중간은 할 것이라는 말이다. 이제는 장학사가 개인기에 의존한다거나 감으로 일한다는 말 대신 데이터 중심으로 객관적인 시각을 가지고 균형 있게 일한다는 말을 들었으면 한다.

3장

교육부와 교육청을
고민에 빠뜨린 교육 이슈

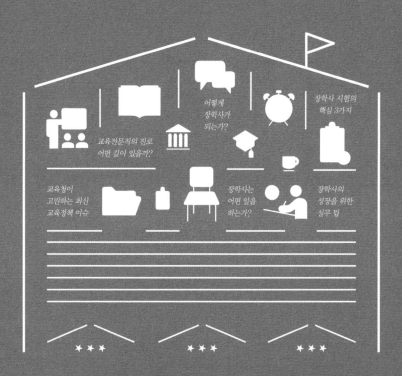

교육전문직의 진로
어떤 길이 있을까?

어떻게
장학사가
되는가?

장학사 시험의
핵심 3가지

교육청이
고민하는 최신
교육정책 이슈

장학사는
어떤 일을
하는가?

장학사의
성장을 위한
실무 팁

코로나19로 인한 교육격차 현실과 대응 방안[17]

– 등교 개학 전면 실시 정책을 중심으로

1.

코로나19가 학교 교육에 미친 영향

코로나 팬데믹 상황 속 나는 장학사이자 연구가로서 교육 관련 우려 사항들과 이를 해소하기 위한 중앙정부 차원의 적극적 대응과 정책기조 변화의 필요성을 글을 통해 여러 곳에 알렸다. 뜻을 같이한 여러 교육단체에서도 지속적으로 관련 문제를 제기해왔다. 정부 당국 관계자들은 교육학자들의 의견에 귀를 기울였고, 이에 공감하는 국회의원들도 있어서

---

17) 현재 코로나19는 교육계의 주요 관심사가 아니다. 그러나 지난 2020년 우리는 코로나19를 맞닥뜨려 학교의 존재 이유가 무엇인지, 교사는 어떤 역할을 하는지, 대면과 비대면 상황 모두에서 학생 교육은 어떻게 변화해야 효과적인지를 과거, 현재, 미래의 관점에서 다시 한 번 반성하고 고민하고 나아가지 않을 수 없었다. 그러한 질문과 고민과 실천은 지금도 유효하다. 교육 또한 기본을 지키되 꾸준히 변화하는 생물이기 때문이다. 그래서 코로나19로 촉발된 교육의 문제를 짚어보며 더 나은 해법을 찾아보고자 한다. 참고로 이 글은 2021년 5월 10일에 〈LAB2050〉에 기고한 글을 재정리한 것이다.

국정감사 때는 전면 등교와 책임 등교가 부각되었다. 초등 1, 2학년 전면 등교 개학 확대는 최소한의 마지노선으로 여겨졌고 결국 실현되었다. 후문을 들어보니 방역지침을 이유로 거부하는 교육부를 설득하는 데 애를 먹었다고 한다.

물론 교육부의 정책이 옳다고 생각하는 이들도 있다. 안전을 이유로 등교 개학을 거부한다는 목소리도 곳곳에서 들려왔다. 그러나 학부모들의 등교 개학 확대 요구는 시·도 교육청 설문과 교육단체와 시민단체 설문에서 확인되었다.[18] 설문조사 결과, 조사기관마다 차이는 있지만 60~70퍼센트 이상이 전면 등교 개학을 원하는 것으로 나타났다. 일부 시·도 교육감들도 이에 뜻을 같이하여 등교 개학 확대를 원하였으나, 교육부에서는 시기상조라는 말만 하였다. 전현직 총리가 올해 초 교육격차 문제가 심각하니 초등 저학년 등교 개학 확대를 검토하라고 지시하지 않았다면, 여전히 올해도 고 3만이 등교 중일 것이었다. 다행히 현재는 초 1, 2학년과 고 3이 전면 등교 중이나, 나머지 학생들은 여전히 핑퐁 등교를 이어가고 있다.[19]

백신접종으로 2021년 11월 경에 집단면역이 완성될 수 있다고 하지만, 언제든 변수가 생길 수 있는 상황이라 우려가 크다. 조만간 하루 확

---

18) '서울 학부모 10명 중 7명 "등교 확대 찬성"…'중1 매일 등교'는 자율로', 《한겨레》 2021년 2월 24일 자
19) 2021년 4월 30일에 중대본은 5월 3일부터 3주 더 현행 거리두기 단계를 유지한다고 밝혔다. 이에 수도권 2단계, 비수도권 1.5단계 사회적 거리두기가 다음 달 23일까지 3주 연장됨에 따라 유치원과 초·중·고등학교 등교도 같은 기간까지 동일하게 유지된다.

진자 1,000명을 예상하는 전문가들도 늘어나고 있다.[20] 11월에 집단면역이 이루어진다고 가정할 경우, 그 전까지 계속 벌어질 학생들의 교육격차를 지원할 대책이 있는지, 온라인 개학이 과연 올바른 답인지 묻고 싶다. 온라인 수업은 임시 대책일 뿐 교육격차 해소에는 큰 의미가 없다는 분석이 나오고 있는데, 교육부에서 내놓은 대책은 기초학습 부진 전담교사 2,000명 배치와 온라인 튜터, AI 교육이다. 해외 선진국들은 코로나19의 상황이 악화일로로 치닫고 있음에도 등교 개학을 확대하고 교육에 투자를 늘렸다.[21] 결정적인 이유는 교육격차 심화와 아동학대 발생 가능성 증가 등이 사회 문제로 비화되어 장기적으로 감당하기 어려운 국가적 재난 수준에 이를 수 있음을 우려하였기 때문이다.

빠른 시일 내에 코로나19가 종식되어 마스크를 벗을 수 있는 환경이 되면 좋겠지만, 그렇지 않을 경우 어떻게 할 것인지 대비해야 한다. 지금은 확진자가 발생하면 학교를 폐쇄하고 전면 온라인 등교에 들어간다. 일부 학부모들은 이런 상황을 반길지 모른다. 신도시 지역에서는 초등학생도 과목마다 과외를 하는 현상이 발생하고 있다고 한다. 그동안 공교육 때문에 학원을 마음 놓고 다니지 못한 것을 한풀이하는 듯한 모양새

---

20) '확진자 1000명 '4차 대유행' 경고…손실 보전 없는 단계 격상 힘들어', 《동아일보》 2021년 4월 6일 자
21) 미국 바이든 대통령은 어린이 양육과 교육 지원 등을 담은 약 1,990조 원의 '미국 가족 계획'을 4월 28일 (현지 시간) 취임 연설에서 발표했다. 구체적으로 3~4살 아동의 취학 전 2년 무상 교육과 고등학교 졸업 이후 2년의 커뮤니티 칼리지 교육 등 4년의 공교육 프로그램 추가를 담았다.(출처: '바이든, 1990조 원대 '미국 가족 계획' 소개…"아이에게 투자를", 《뉴시스》 2021년 4월 29일 자)

다. 등교 개학 확대 설문에서 반대를 외친 이들이 고소득층일 것이라는 의견이 힘을 얻는 이유다.

이런 상황 속에서 저소득층 학생들에게도 여러 가지 일이 생겼다. 코로나19로 인한 자영업자의 몰락, 이로 인한 부모들의 경제적 타격은 학생들의 문화적 격차를 넘어 생존을 위협한다. 밥을 굶는 아이, 학대받는 아이들이 증가한다.[22] 지금 이 순간에도 등교 개학이었다면 학교에서 보호받았을 아이들이 가정에서, 외부에서 학대당하고 아무런 교육 혜택을 받지 못한 채 방치되고 있다. 게다가 코로나19로 인해 학교에 가지 못하고 가정에만 있는 저소득층 학생들의 영양 불균형이 매우 심화되고 있다는 기사가 지속적으로 나온다. 삼각김밥 등 편의점 음식이나 배달음식만으로는 균형 있는 섭식이 어렵고, 고염분·고칼로리 음식 때문에 영양 불균형으로 인한 비만, 성인병 유발, 식습관 파괴 등이 나타날 수 있다.

이미 많은 선진국의 사례와 여러 논문들은 학교가 방역지침을 가장 잘 준수하기 때문에 학생들에게는 다른 외부 공간보다 학교가 더 안전하다고 말한다.[23] 학생들은 학교에 있는 동안 비교적 마스크를 잘 쓰고 질서를 잘 지키며, 교사들은 교실에 혼자 있을 때도 마스크를 벗지 못하도

---

22) 굿네이버스의 2020 아동권리 실태 연구 결과, 끼니를 거른 적이 있는 아동은 2018년 49.9%에서 2020년 64.1%로 늘어났다.(출처: '코로나 이후 끼니 거른 적 있는 아동 50%→64%로 늘었다', 《서울신문》 2020년 10월 26일 자)

23) 정은경 논문으로 알려진 한림대 주관 연구. 독일이나 미국의 연구에서도 학교가 상대적으로 방역에서 안전하다고 말하고 있다.(출처: "'학교에서 코로나 감염되면 어쩌지?' 불안해하는 부모님들께, 《한겨레》 2021년 4월 11일 자)

록 하는 지침을 철저히 따른다. 반면 백화점, 유흥시설, 음식점, 공원 등의 대중시설에서는 철저한 거리두기를 찾아보기 힘들다. 상황이 이러한데 학교는 늘 후순위고 외면의 대상이다. 다른 곳은 되는데 학교는 안 된다. 언제나 그랬지만 지금은 더욱더 절실하게 무엇인가 바꿀 필요가 있다. 아무것도 바꾸지 못한 채 시간이 흐른다면 그 여파가 매우 심각할 것이다.

교육부의 기초학습 부진 대책(초등 기간제교사 2,000명 배치)은 현장의 환영을 받지 못했다. 과밀학급이 분반되지도 못했고, 결정적으로 기초학습 부진의 해결책이 되지 못했다. 심지어 초등교사 자격증이 없는 이들도 상당수 배치되었다. 인당 평균 5,000만 원의 예산이 책정되었다는데, 1,000억 원의 비용이 순식간에 허공으로 날아간 느낌이다. 이에 대해 교원단체들도 비슷한 설문조사 결과를 내놓고 있다.[24] 학교 현장에서는 기간제교사들을 향해 신의 직장이 따로 없다는 말이 나오고 있는데, 이는 어떤 학교에는 은퇴한 교장만 4명을 모시고 있다는 얘기와 결을 같이한다. 그러자 교육부는 방역문제를 해결에 기간제교사가 도움이 된다고 했는데, 현실적으로 방역문제 해결하기 위해서는 올 초 담임배치 기준에서 분반을 하는 것이 필요하지 기간제교사로 해결될 문제는 아니었다.

---

24) 교육부는 기간제교사를 1,961명 배치했으나 '학급 분반'은 12퍼센트에 그쳤다.(출처: '교사 71% "초등 과밀학급에 기간제교사 투입 실효성 없어", 《뉴스1》 2021년 3월 18일 자)

코로나19로 새롭게 주목받는 학교의 역할

미래교육을 얘기하면서도 우리나라 교육정책은 여전히 보수적이고 현실을 외면한다. 코로나19 상황은 이러한 민낯을 그대로 드러나게 했다. 교육정책의 어려움은 단시간 내에 문제가 도드라지지 않는다는 것이다. 앞으로 10~20년 이후 현재의 코로나19 세대들이 사회의 중추적인 역할을 할 때 그 파장이 드러날 것이다. 장기간의 경제 침체보다 그 영향이 더 클 것이다. 이미 소득 격차가 교육격차로 이어진다는 것은 여러 논문으로 확인된 바 있다.[25] 양극화는 코로나19로 인해 더욱 깊어지고 있고 그 중심에 교육이 있다. 더 정확하게는 교육 담당자들의 오판이 이 같은 상황을 초래했다고 해도 과언이 아니다.

온라인 쌍방향 수업에 대한 학부모들의 불만족에 대해서도 다르게 생각한다. 교육정책이나 공교육에 대한 학부모의 분노가 극에 달한 상황에서 온라인 수업이 도화선이 되어 감정이 폭발한 것이다. 초창기에 비해 현재는 쌍방향 수업의 질이 확연히 좋아졌지만, 학부모들의 분노는 여전하다. 교육계 전반에 대한 분노라고 생각해야 할 것이다. 이는 교사 개개인의 잘못이라기보다는 교육정책과 교육제도가 학생 중심으로 이루어지

---

25) 안종범 · 전승훈(2008)은 「교육 및 소득 수준의 세대 간 이전」이란 논문에서 『노동패널자료』에 근거하여 교육격차가 소득 격차로 이어지고, 이것이 다시 자녀의 교육격차 및 소득 격차로 이어지는 과정을 실증적으로 분석해 그 영향이 유의함을 확인하였다.

지 않는다는 데 그 원인이 있다.

코로나19 상황을 맞아 우리는 학교 본연의 기능에 다시 주목하게 되었다. 사교육과 비교당하며 비난받던 공교육이지만 사실 많은 기능을 해온 것이 사실이다.

우선 학생에게 정서적 안정을 주는 안전한 공간을 제공했다. 가정만큼이나 많은 시간을 보내는 학교에서 담임교사들의 역할은 매우 컸다. 그것은 정서적 지원과 지지 기능이다. 사교육에서는 볼 수 없는 이런 역할은 학교를 지지하는 기반이 되어왔다. 우리가 간과해왔던 기능을 교사들 대부분이 묵묵히 해왔다. 그리고 모두를 만족시킬 수가 없어 때때로 비난의 대상이 되었던 것도 사실이다. 소득 수준이 높은 일부를 제외한 상당수 아이들은 이러한 혜택을 받아왔다.

무상급식도 코로나19 상황에서 다시금 주목받았다. 밥 먹으러 학교에 가는 학생들이 있다. 그들에게는 급식 한 끼가 하루 중 유일한 제대로 된 식사였다. 교육복지가 학생들에게 더욱 필요한 이유다. 학교가 교육뿐 아니라 복지까지 제공해왔음이 확인되었다. 그리고 이러한 복지가 더 많아질 필요가 있다는 인식도 생겼다.

또 한 가지 큰 역할은 학교폭력에 대처하는 기능이다. 코로나19 상황에서 사이버불링(Cyber Bulling) 등의 사이버 폭력이 일상화되고 있다.[26]

---

26) '학교폭력도 '언택트'… 더 교묘해진 사이버불링. 피할 곳이 없다', 《조선에듀》 2021년 3월 8일 자

학교 공간에서는 그나마 교사들이 완충 역할을 했는데, 지금은 통제 없이 확산되는 상황이다. 교사들이 그동안 학교폭력 예방에 상당 부분 기여해왔다는 것을 알 수 있는 부분이다. 물론 완벽하지 않을 수 있다. 그러나 이것은 교사들의 탓이라기보다는 '학교폭력예방 및 대책에 관한 법률'의 제도적 한계 때문이라고 생각한다. 이 한계를 어떻게 개선할지는 정치권의 몫이다. 촉법소년에 대한 논란, 일정 기간 경과 후 생활기록부의 학교폭력 가해 기록 삭제 논란 등이 뜨거운 감자인데,[27] 이 부분은 학교와 교사들의 몫은 아니다. 학교를 넘어 교육부, 여성가족부, 행정안전부, 사법부 등 정부와 범국민적 차원에서 해결 방법을 강구하고 그 역할을 분담해야 할 것이다.

돌봄과 방과후 서비스의 기능도 다시금 주목받고 있다. 학교 입장에서 돌봄과 방과후 서비스는 부담스러운 측면이 있다. 그러나 모두가 만족하지 못하더라도 학교는 돌봄과 방과후 서비스를 오랫동안 제공해왔다. 코로나19 상황에서 돌봄과 방과후 서비스가 제대로 운영되지 않자, 그에 따른 공백은 오롯이 가정의 부담이 되었다. 이 부담을 별 어려움 없이 해결할 수 있는 가정도 있지만, 일부에서 돌봄 없이 방치되는 아이들이 생겨났다.

---

27) 최근 강력 소년범죄가 늘고 있어, 현재 형사처벌을 받지 않는 촉법소년의 연령 하향(만 14세 → 만 13세)에 관한 논란이 뜨겁다. 일본과 독일 등에서도 만14세를 기준으로 설정하고 있으나, 스위스에서는 전문가들이 위원회를 구성하여 인지능력을 판단한 후 책임능력 여부를 결정하고 있다.(출처: "촉법소년' 강력 범죄 느는데… "처벌연령 하향" vs "인지능력 기준 삼아야", 《뉴스 1》 2020년 4월 5일 자)

2020년 인천 미추홀에서 발생한 형제 화재 사건이 대표적이다. 이 화재로 여덟 살 동생은 안타깝게 목숨을 잃었다. 비슷한 사건이 우리 곁에서 여전히 진행 중이지만[28] 이들에 대한 관심은 부족하기만 하다. 복지 사각지대의 아이들에게 학교 내 돌봄과 방과후 교실은 최후의 보루였을지도 모른다. 교원들은 외국의 사례를 들며 지자체에서 이를 맡아달라 요구하지만, 지자체와 교육청이 하나의 시스템인 외국의 사례가 우리나라 현실에는 맞지 않다. 또한 학부모들은 국가나 지자체, 교육청을 모두 하나라 생각한다. 그러므로 제일 안전한 학교를 중심에 두고 학교 이외의 공간이 결합되어야 한다. 앞으로도 많은 고민이 필요한 부분이다.

마지막으로 학교 본연의 기능인 교육과정 기능, 그리고 교육과정 자치에 대해 이야기하려 한다. 학교는 학교다움의 최대치를 구현해야 한다. 원래 학교는 자생적인 기능이 있으며 아무도 관여하지 않는다면 본연의 기능이 작동한다. 코로나19 상황에서 전국의 1만 3,000여 개의 초·중·고등학교는 국가 중심 교육과정에 의존하지 않았다. 생존을 목표로 각자의 교육과정을 만들어냈다. 지자체와의 연계는 기본이고, 각 학교의 특성에 맞는 교육과정이 운영되었다. 획일적 교육과정에서 탈피할 가능성이 코로나19 상황에서 싹을 틔운 것이다.

---

28) 2020년 9월 인천 미추홀 화재 사건 발생 이후에도 아동 사건은 연일 이슈화되었다. 양부모의 영아 학대 사건에 이어 2021년 3월 2일에는 인천의 초등학생 여아가 온몸에 멍이 들어 사망한 채로 발견되었다.

교육격차 해소와 정서적 지원을 위한 전면 등교의 필요성

우리가 주목해야 하는 것은 새로운 의제가 아니라 전통적 학교의 복원이다. 학교의 자율성과 교원들의 사기, 그리고 교육과정 정상화가 가장 필요하다. 교육부와 교육청이 현안 대응 위주로, 단기 정책과 공문과 예산을 쏟아붓는다고 학교가 변하는 것은 아니라는 사실을 우리는 경험적으로 알고 있다.

다만 기초학습 부진이나 교육격차를 해소하기 위한 정책은 예외다. 조기에 많은 정책이 뒷받침될수록 효과를 낼 수 있다. 기초학력 부진에 대한 원론적인 이야기를 하다 교육격차가 심각해지는 것을 막을 수 있는 골든타임을 놓칠 우려가 있다. 먼저 관련 법안을 만들고 진행 과정에서 수정해나가는 것이 낫다. 또한 수도권, 광역시 등에 더 많은 예산과 인력을 주는 방식에서도 탈피해야 한다. 더 열악한 곳에 더 많은 예산과 인력을 배정하는 것이 필요하다. 상황이 정말 심각한 곳의 학생과 학부모들은 자신의 목소리를 내는 것이 어렵다. 그런 이들을 찾아서 도움을 줄 수 있는 시스템을 만드는 것이 국가와 학교의 중요한 역할이다.

이제 학교의 역할과 기능이 재구조화되어야 한다. 자치와 분권을 통해, 학교에서 스스로 판단하고 결정할 수 있는 구조적 방식을 만들어야 한다. 교육부는 모든 것을 움켜잡은 채 학교를 통제하고 문건으로 보고받는 것에서 탈피하고, '학교자치특별법'과 같은 법률을 만들어 학교다움의 최대치를 구현할 수 있도록 해야 한다. 이미 코로나19 상황에서 교육과정자치, 학교자치가 일정 부분 이루어지고 있다. 학교는 이제 준비가 되었다. 지금과 같은 통제 상황이 지속되는 동안 공교육, 학교, 교사들이 불신임을 받는 구조가 공고화되었다.

지역의 상황은 마을과 학교가 가장 잘 안다. 학교는 지역사회와 연결될 수 있는 제도를 만들고, 별도의 인력을 통해 기초학습 부진과 교육격차를 해소하기 위해 노력할 필요가 있다. 즉, 담임교사가 모든 것을 하는 방식에서 벗어나, 기초학습 부진을 전담하는 교원을 별도로 두는 것이다. 이미 전남교육청에서는 정규교원을 활용하여 기초학습 부진 전담 교사제를 운영하여 성과를 내고 있다. 협력교사, 방과후교사, 기간제교사보다는 정규교원 활용이 더 효과적일 거라고 생각한다.

정서적 지원의 문제도 있다. 교육격차를 해소하기 위해 학업에만 치중한다면 또 다른 문제를 야기할 가능성이 크다. 학생들의 정서적 지원을 위해 상담 인력과 사회복지사 배치가 필요하다. 계약직이나 기간제를 쓰려다가는 패착이 될 수 있다. 차라리 처음부터 유능한 정규직을 활용할 방안을 강구해야 한다. 코로나19 상황이 길어질수록 학생들의 정서적 문제는 더욱 심각해질 것이다. 온라인 튜터보다는 정규직 사회복지사의 배치가 필요한 시점이다.

경제협력개발기구(OECD)는 코로나19로 인한 학습 손실을 보충하지 못하면 개인의 생애소득 3퍼센트 하락, 국가 국내총생산(GDP) 1.5퍼센트 하락을 초래할 것이라고 경고했다. 교육격차는 사회적 격차로 이어지고 국력에도 심각한 부정적 영향을 끼칠 수 있다. 연구자의 입장에서 여러 교육적, 정책적 상황을 고려하여 모든 학생들의 점진적 전면 등교를 제안한다. 학교에 확진자가 발생하면, 학교장이나 교육장이 판단해서 학급 혹은 일부 학교만 온라인으로 대체하는 방식이다.

또한 초·중·고 학생들의 교육격차를 보완하기 위해 대학처럼 계절학기제를 운영할 필요가 있다. 희망하는 누구나, 그리고 학교 측의 판단으로 계절학기제를 운영할 수 있게 한시적으로 허용하는 것이 어떨까 제안한다. 코로나19 세대의 교육격차는 사회적 격차로 이어질 것이다. 이러한 상황이 야기할 미래의 사회적 파장을 고민해보았으면 한다. 불가능한 것은 없다. 다만 정책 결정권자들의 의지가 없을 뿐이다.

2021년 6월 교육부가 코로나19로 인한 학력저하를 공식 확인하고, 서둘러 2학기 전면 등교를 발표했다. 작년 학업성취도평가 결과 기초학력 미달이 역대 최대인 것이 원인이었다. 더 이상 등교 개학을 미룰 수 없었을 것이다. 한편으로 만시지탄(晩時之歎)이 아닐 수 없다. 작년부터 등교 개학 확대를 여러 교원단체와 국회에서 주장하였지만 묵묵부답이었다. 우리는 소 잃고 외양간 고치는 정책을 언제까지 할 것인지 안타까움을 금할 길이 없다.

교육부의 전면 등교 발표 후 언론과 교원단체의 평가는 냉혹했다. 전면 등교 이외에는 아무 내용이 없는 부실 정책이었다는 비판이 쏟아졌다. 많은 교원단체에서 방역지침에 대한 우려가 그대로인 상황에서 전면 개학만 한다고 문제가 해결되겠느냐며 문제를 제기하고 있다. 방역지침에 대한 재량권을 학교와 시·도 교육청에 일부 위임하지 않는다면 더 큰 혼란에 빠질 것이 분명하다. 이제부터라도 교육부만 바라볼 것이 아니라, 학부모와 교사들이 코로나19 이후 교육문제에 대해 자각하고 교육 현안에 대한 해법을 내놓는 것이 필요하지 않을까 생각해본다. 앞으로 학교자치와 교육자치의 관점에서 위기를 곧 기회로 활용해야 할 것이다. 전면 등교는 이미 정해진 길이다. 이를 어떻게 현명하게 지역 상황에 맞게 적용할지에 대한 고민이 필요한 시점이다.

참고문헌
- 강득구의원실 · 교육정책디자인연구소 · 사교육걱정없는세상, 「코로나19로 벌어진 교육격차 어떻게 해결할 것인가?」 『국회 교육위원회 국정감사 정책자료집』 2020, 1호
- 안종범 · 전승훈, 「교육 및 소득 수준의 세대 간 이전」 『재정학연구』 2008, 1⑴, 119~142

교육자치의
발전적 변화를 기대하며

– 교육감 선거의 의미와 향후 과제를 중심으로

2.

　교육감직선제는 곧 교육자치를 상징하는 말이다. 교육감직선제는 17개 시·도 교육청이 중앙정부와는 차별화된 의제를 만들 수 있는 계기가 되었다. 2006년 '지방교육자치에 관한 법률'이 개정된 후 2010년부터 전국에서 지방 선거와 교육감 선거를 동시에 치르고 있다. 교육감직선제는 무상급식, 혁신학교, 혁신교육지구, 마을교육공동체 등 수많은 의제와 논쟁을 만들어냈다. 성과와 한계에 대해서는 개인, 진영에 따라 다르게 평가하지만 중앙정부와 다른 교육적 쟁점을 만들어냈다는 자체만으로도 큰 성과라 볼 수 있다.

　2022년 6월 1일에 교육감 선거가 치러졌다. 지역별로 직선제는 민선 4기나 5기에 해당된다. 이번 선거는 주목할 만한 의미 있는 결과들이 많이 나타났고, 그래서인지 논란과 혼란이 계속 이어지고 있다. 현재의 논란과 혼란을 잘 극복하고 앞으로 나아가기 위해 우리가 해결해야 할 과제는 무엇인지 그리고 전망은 어떠한지 살펴보고자 한다. 교육감직선제로 상징되는 교육자치에 대한 의견도 덧붙이려 한다.

교육자치 이후 교육청의 변화

교육자치, 즉 교육감직선제 이후 교육청에는 많은 변화가 있었다. 각 시·도의 상황에 맞는 차별화된 의제를 만들 수 있다는 점은 긍정적 변화였다. 교육부의 눈치만 보던 과거에서 벗어나 직선제 이후에는 독자적 영역을 강화하게 되었다.

때로는 중앙정부와 끊임없는 마찰을 빚으며 비판도 받았다. 예를 들어 자사고와 외고, 혁신학교 학력, 학생인권조례, 코로나19와 학력 격차, 지방재정교부금, 누리과정 예산, 국정교과서 등 다양한 이슈와 쟁점이 있었다. 이에 대한 건설적인 논쟁은 당연히 필요하다. 하지만 장기적으로 지속되다 보니 정답이 무엇인지를 떠나 교육계의 피로도가 높아졌다. 또 교육청이 교육부는 냉정하게 비판하면서 자신들의 과오는 보지 못한다는 지적도 있었다.

정책의 흐름을 볼 때 교육감 선거에서 진보와 보수의 교육정책은 특별한 차이가 없어 보인다. 2010년만 하더라도 무상급식을 기준으로 진보와 보수를 나누었지만, 현재는 17개 시·도 교육청이 모두 무상급식을 실시하고 있고 교육복지 정책을 점점 확대하고 있다. 이번 선거 때 주요 논쟁거리였던 학력 격차 문제, 교육복지 문제, 기초학습 부진에 대한 전수 평가도 그렇다. 2022의 교육감 선거에서도 모든 후보자들이 학력과 돌봄 그리고 교육복지를 강조했다. 교육 정책을 만들어가는 과정에서 상호 학습하니 특별한 차이가 없는 것이다.

교육자치에 대한 평가

교육자치와 교육감직선제에 대해 긍정적인 평가만 있는 것은 아니다. 시·도 교육청에서는 교육부를 권위적이라고 말하지만 일부 시·도 교육청은 교육부보다 더 권위적인 모습을 보이기도 한다. 교육부는 장관이 모든 것을 마음대로 할 수 없지만 직선제로 당선된 교육감의 상황은 다르다. 인사, 예산, 조직개편에 대한 교육감의 권한은 그 어떤 기관장보다도 막강하다.

관료제로 인한 공조직의 한계도 무시할 수 없다. 교육감직선제 초기인 2010년 즈음에는 상당히 개혁적인 의제가 나왔지만, 시간이 지날수록 개혁적인 의제만 남고 정책 실현과 현장 안착은 이루어지지 못했다. 초창기 취지를 기억하는 사람도 드물고, 추진하던 사람이 바뀌면서 정책이 변질되거나 사라졌다. 기초학습 부진 제로화, 공교육 혁신, 교육과정 다양화 등은 구호로만 존재하게 되었다.[29] 구체적 내용 없이 당위적이고 추상적인 접근으로 이뤄진 정책은 교사나 학부모들에게 외면받았다. 한편으로는 일방적이거나 편 가르기 방식이 있지 않았을까 하는 아쉬움도 있다. 교육자치에서 직업계고나 유아, 수월성 교육은 외면받거나 중심에서 배제되었다. 무엇이든 한쪽으로의 쏠림 현상은 부작용을 낳는다.

교육정책의 방향이 소수 특정 개인이나 단체의 요구를 그대로 수용하거나 추종하는 방식이었다는 비판에 대해서도 고민해야 한다. 특정 단체나 세력 중심으로 의사 결정과 정책 결정이 이루어졌다면 이는 건강하지도 교육적이지도 않다. 이로 인해 누적된 피로도가 현재의 개혁 요구로 이어졌다고 볼 수도 있을 것이다.

교육청의 조직과 인력에 대한 문제 제기도 필요하다. 교육감직선제 이후 시·도 교육청은 많은 권한을 부여받았고 역할이 강화되었다. 실제로 10년간 시·도 교육청 공무원 수는 8,654명에서 2020년 1만 7,398명으로 2배 넘게 증가하였다. 그사이 초·중·고 학생 수는 761만에서 534만으로 30퍼센트 가까이 줄었다. 기관과 인력의 규모는 늘었지만, 제대로 된 교육개혁을 했다는 평가는 거의 없다.

또한 학교에서 시작한 정책들이 학교 밖으로, 지역공동체로 나갔으나 그것이 현장과 연결되고 있는지, 환영받고 있는지에 대해서는 냉정한 평가와 외부자가 참여하는 평가가 필요하다. 실제로 교육청에서는 데이터나 연구를 바탕으로 일하는 경우가 드물다. 이에 비해 중앙정부나 교육

---

29) 물론 가시적으로 평가할 수 있냐는 반론과 굳이 그것을 평가해야 하냐는 반론도 있다.

부는 데이터를 기반으로 한 방어 논리는 확실히 마련해놓는다.

교육감직선제는 분명 의미 있는 변화를 시도했고 일부 성과가 있었지만 그 한계 또한 분명했다. 학교별, 지역별, 교사별로 상이한 기준과 차이는 공교육의 한계로 다가온다. 결국 2022 교육감선거로 국민의 판단이 나왔다. 물론 선거는 변수가 워낙 많아 꼭 교육정책에 대한 평가, 혹은 교육감에 대한 평가라고 보기는 어렵지만, 그동안 추진되어온 정책이 과연 어떤 평가와 의미를 갖는지 냉정하게 돌아봐야 할 시점이다.

교육자치에 대한 전망과 과제

교육감직선제로 상징되는 교육자치가 앞으로 어떤 상황에 놓일 것인지는 전문가마다 의견이 상이하다. 2022년 7월을 기준으로 교육감 제도 변화를 위한 법안이 발의되었다. 관련하여 국회 토론회도 열렸다. 대표적으로 러닝메이트제 도입, 직선제 폐지 주장이 나오고 있다. 많은 이들이 현행 교육감 제도의 한계를 인정하고 제도 개혁을 요구하는 상황이다. 앞으로 법적인 변화가 어떻게 될지는 지켜봐야 하겠다. 커다란 변화를 앞둔 교육자치와 관련해 교육감들이 꼭 주목하고 고민했으면 하는 것들을 정리해보았다.

첫째, 교육감직선제의 도입 취지를 살려야 한다. 중앙정부와 차별화된 지역 상황에 맞는 의제 발굴에 신경 써야 한다. 중앙정부나 다른 지역과 동일한 교육정책을 추진하려 한다면 굳이 교육감직선제가 운영될 이유가 없다. 학령인구 감소나 지역 소멸, 학력 격차, 교육복지 문제, 원도심 문제와 신도시 문제 등 지역 현안이 산적해 있다. 정책의 최우선순위를 지역 현안에 두었으면 한다. 지역 상황에 맞지 않는 중앙정부의 경제논리에 집착한 방식은 결코 교육적이지 않다. 다만 지역 이기주의로 빠지는 것은 경계할 필요가 있다. 무조건 안 된다고 하는 집착이나 무조건 우리 지역이 우선시되어야 한다는 논리는 배제되어야 한다. 교사나 교육청 중심의 정책 판단에서 벗어나 어떤 것이 학생을 위한 교육인지를 살펴야 한다.

둘째, 교육자치의 교육정책은 장기적이어야 하고 그 결정 과정은 투명해야 한다. 앞서 지적한 것처럼 특정 단체나 개인의 판단으로 주요 정책의 방향이 정해지면 안 된다. 그것은 교육감의 독자적 판단도 포함해서다. 이를 감독하고 견제할 만한 공식적인 기구가 필요하다. 정책에 대한 건강한 의견을 나누는 장도 필요하다. 교육감의 철학도 중요하지만, 개인의 독단적 의사만으로 중요 사안들이 좌지우지된다면 분명 문제가 생길 것이고 학교와 학생, 학부모들은 대혼란에 빠질 것이다. 재선이 가능하긴 하나 교육감의 기본 임기는 4년이다. 4년 임기 안에 성과를 내야 한다는 강박에서 벗어나야 한다. 실제로 교육정책은 성과를 측정할 합의된 기준도 없고 단기간에 성과를 내기도 어렵다. 학력과 연관된 학교별 줄 세우기는 수십 년 동안 갈등을 빚어왔으나 교육적이지 않다는 잠정적인 결론을 내린 상태다. 다른 방식으로 10여 년이 지나 대상 학생이 공교육 제도를 벗어날 때쯤 그의 인생에 어떤 영향을 미쳤는지 주목하고 눈여겨보아야 할 것이다.

셋째, 교육청은 데이터 중심으로 일해야 한다. 이제 데이터 없이 지침이나 공문을 쏟아내는 방식은 지양해야 한다. 정책을 추진, 수정, 종료할 때 데이터를 근거로 해야 설득력을 가진다. 내가 가진 생각이 전부는 아니며, 내가 가진 생각이 사실이 아닐 수 있다는 경각심을 가져야 한다. 모든 정책이 그렇지만 교육정책도 선의에 의해 추진된다. 그러나 선의만으로는 일시적으로는 긍정적일 수 있으나 부정적으로 마무리가 되는 경우가 많다. 데이터 중심으로 일하고 연구를 기반으로 한 정책이 실현되는 것이 장기적으로 안정적인 정책을 추진할 수 있는 초석이 될 것이다. 이러한 방식이 자리 잡는다면 학부모나 유권자를 설득하는 데도 유리하다.

미래지향적 교육자치로의 전환

교육자치는 교육청 내 수많은 교육 주체들의 갈등을 줄이며 미래지향적인 방향으로 전환하는 노력이 필요한 때다. 교육계가 답이 없고 정책 추진이 어렵다고 판단되는 이유는 교육에 대한 모든 사람들의 생각이 다르고, 그것이 종국에는 갈등으로 표출되기 때문이다. 게다가 직종별로 이 갈등을 노골적으로 표출하다 보니 교육계 중심을 학생이 아닌 구성원 각자의 이기심이 차지해버렸다는 평가도 있다. 그 결과 교육계는 고립되어간다. 교육과 관련한 다양한 아이디어와 정책이 쏟아지지만 직종별 갈등으로 인해 아무것도 할 수 없게 되어간다. 예를 들어 돌봄과 방과후교실이 필요하다는 사회적 요구가 있으나 그것을 왜 학교에서 해야 하냐며 반대한다. 교사 또는 교육계의 항변 이유를 이해할 수 없는 것은 아니나 학교가 왜 존재해야 하는지 근본적인 이유를 생각한다면 이러한 항변은 학부모 등 일반인이 볼 때는 황당한 이야기다.

어떻게 교육정책을 풀어갈지 실마리를 찾기 위해서는 교육의 본질을 생각해야 하고 내부갈등을 풀 수 있는 공론화된 자리도 마련해야 한다. 이를 위해서는 책임자들의 판단과 결단이 필요하다. 물론 교육계의 깊은 피로도에 대해서 모르지는 않지만, 이대로 가다가는 전부 침몰하는 상황이 올 수 있다. 교육자치의 권한이 부여된 것을 십분 활용할 필요가 있다. 앞으로 학생 수가 줄어들면 교육청이나 학교 내 과원 인력이 발생할 것이다. 이들의 역할 변화를 어떻게 실현할 것인지에 대한 논의와 획기적인 제도가 필요하다.

위기가 곧 기회다. 다른 생각들 속에서 서로에 대한 신뢰를 바탕으로 다양한 해결 방법을 찾아야 한다. 교육자치가 미래지향적인 목표를 설정하고 함께 노력해서 학교를 바꾼다면 이것을 경험하고 배운 학생들이 자라나 사회적인 갈등을 점진적으로 줄여나가는 것까지 기대할 수 있다. 학령인구 감소는 불가피한 변화다. 교육계는 이러한 변화가 교육과 사회에 어떤 영향을 미칠지 고려해서 교육자치의 역할 변화를 새롭게 모색해야 할 때다. 이제 필요한 것은 교육계의 결단이다.

왜 학교 교육은 교사와
학부모에게 외면받는가?

3.

교육정책과 사업에서 드러난 문제점

학교 현장에서 수업하고 생활하는 가운데 생겨나는 교사의 고민은 교직 인생에 분명 도움이 된다. 수업, 학생지도, 학부모 상담, 지역사회와의 연계 등에 대해 고민할수록 전문성이 쌓이고 교사로서의 사명감도 높아진다. 이와 반대로 교사를 힘들게 하는 것이 바로 행정업무와 각종 사업이다. 행정업무는 교육부나 교육청의 요구로 꼭 해야 하는 일이지만 교사의 전문성을 높이는 일이라고 보기는 어렵다. 물론 국가직 공무원으로서 교육행정에 대해 이해하여 제 역할을 해야 한다고 생각할 수도 있다. 하지만 교사가 교육과정과 수업에 대한 전문성을 쌓기도 전에 교육행정에 집중하는 것은 바람직해 보이지 않는다. 두 마리 토끼를 잡으려다 둘 다 제대로 배우지 못하는 상황이 되기도 한다. 최근에는 교사들이 맡고 있는 행정과 교육을 분리하자는 목소리도 나오고 있다. 하지만 이견도 많고 법령 개정 문제가 결부되어 있어 쉽지 않은 상황이다.

각종 사업이 교육에 도움이 된다는 신념이 악순환을 만들기도 한다. 학교가 원해서 사업을 하는 경우는 드물고, 원한다고 해도 특정인이 주도하여 암묵적 강요에 의해 운영하는 경우가 많다. 구성원 대다수가 특정 사업을 하기 위해 노력하는 학교는 생각보다 찾기 어렵다. 원인은 여러 가지겠지만, 생각보다 정책사업에 대한 피로도가 높은 것이 가장 큰 이유일 것이다. 학교에서 교육을 최종적으로 수행하는 이들은 교사다. 때문에 교사들은 사업이 교육과정 영역 안에서 학생들에게 어떤 영향을 미칠 것인가에 대해 깊이 고민할 수밖에 없다. 결국 정책사업의 핵심 성공 요인은 평범한 교사들의 인식과 사기다.

상황을 더 힘들게 하는 것은 '전에 학교에서 이런 일을 했는데', '옆에 학교에서는 이렇게 한다는데', '이건 하는 게 좋은데' 등의 첨언으로 관행적인 요소들을 추가하는 구성원들이다. 고경력 교사의 노하우는 존중받아야 마땅하지만, 오래된 관행이라며 무조건 강요하는 일은 지양되어야 한다. 교원의 업무 경감에 대한 연구 결과를 보면, 불필요한 업무가 많은 원인 중 상당수는 학교의 관행적인 요소들이었다. 이것만 포기해도 학교는 더 행복할 수 있다는 생각이 든다. 내가 하려는 업무가 과연 학교를 위한 것인지, 교육을 위한 것인지 따져보고 안 해도 되는 것이면 과감히 포기해야 한다.

자기 과시의 욕망을 학교에서 풀고자 하는 구성원도 있다. 뛰어난 언변과 문건으로 사람들을 사로잡는다. 때로는 범접하기 힘든 사람이라는 인상을 풍기기도 한다. 자신이 어떤 사람이고 어떤 활동을 해왔으며 그렇기에 주목받아야 한다고 암시한다. 그리고 끊임없이 학교에서 주도권을 행사하려 한다. 긍정적으로 보면 활동적이고 실천하는 교사가 될 수도 있고, 일부는 선한 영향력을 행사할 수도 있다. 그러나 그렇지 않은 경우가 더 많다. 학교에 이런 교원이 있으면 결국 문제가 생기고 만다. 때로는 학교 구성원들이 패가 갈리고, 저경력 교사들은 어느 위치에 서야 하나 눈치를 보게 된다. 이런 상황이 오래되면 대다수의 구성원이 학교에 무관심해지는 현상이 나타난다.

특별히 권력에 대한 욕구가 강한 학교 구성원이 있다. 흔히 말하는 '자리'에 대한 욕구다. 교장 승진, 교육전문직원 전직, 장학관 혹은 교육장에 대한 의지다. 물론 권력에 대한 욕구가 나쁜 것은 아니다. 다만 정도가 지나치면 문제가 생긴다. 교장, 교감, 연구, 교무 등 학교를 운영하는 데 있어 중추적인 역할을 하는 사람이 교육전문직원 전직을 원할 경우 교육청 관련 모든 일을 수행하고 거기에 더해 자신만의 업적을 만들고자 한다. 예를 들면 연구학교나 시범학교 사업을 따오고, 굳이 하지 않아도 되는 일들까지 하면서 다른 학교와의 차별성을 만들려 애쓴다. 여러 가지 사업을 중복해서 가져오고 이것을 학교와 개인의 실적으로 만들어버린다. 학교 내 구성원의 동의를 구하지 않았거나 학교 상황을 고려하지 않은 경우도 있다. 그 모든 일이 교육과정이며 학생과 교직원을 위한 것이라고 변명한다. '학생들이 얼마나 행복할지'를 생각해보라며 자신의 욕망을 숨기고 변명한다. 문제는 이 방식이 대부분의 학교에서 통용된다는 것이다.

이런 이들이 교육청에 들어오면 동일한 패턴을 학교에 강요하는 악순환이 반복된다. 교육자치나 진보교육감 이후로 이 방식이 없어졌다고 믿는 것은 순진한 생각이다. 오히려 시·도 교육청의 입김이 세지면서 이런 방식들이 더욱 공고화된 것 같다. 교육부도 별반 다르지 않다. 모든 정책에는 연구학교, 시범학교가 기본이다. 교육부의 연구학교, 시범학교 중 성공하지 않은 사례가 없는 것을 보면 예상은 빗나가지 않는다. 여전히 구시대적인 방식을 고수하면서 학교에 정책사업을 강요하고 있다.

우수사례 학교와 보통의 학교

과거 연구학교, 시범학교에 근무하면서 발표회를 가진 적이 있다. 발표회 당일 모든 교직원과 학부모가 한복을 입고 교육청 직원을 맞이하였고, 주변 어르신까지 초대하여 지역 축제가 되었다. 교육부 관계자도 매우 흡족해했고 외부에서 보기에도 참 좋았다. 그런데 그게 다였다. 행사를 위해 한 학기 내내 시간을 쪼개 모든 준비를 해야 했던 교사들에게 그날은 어떤 의미였을까?

나는 행사를 위해 홍보 CD를 만들어야 했다. CD를 무려 500장이나 제작해야 했는데 컴퓨터에서 CD 한 장을 굽는 데 5분 이상이 소요되었다. 그리고 대략 다섯 장 중 한두 장은 불량이 나와서 확인을 거듭해야 했다. 3일을 꼬박 CD를 만들고 포장지를 인쇄하고 포장하는 일에 매달려야 했다. 아직도 기억에 선명한 새벽 3시 퇴근길. 다음 날 학생들은 비몽사몽하는 선생님 덕분에 수업이 더 즐거웠을지도(?) 모른다. 이 행사는 당시 지역 신문에도 실렸으며 교육장과 교육감은 이 발표회를 언급하며 전 학교를 독려했다. 지금도 형식과 절차가 약간 달라졌을 뿐 결국 비슷한 모습이 아닌가 싶다.

교육청의 공문들에는 우수사례가 종종 등장한다. A지역 B학교의 우수사례를 소개하며 벤치마킹하라고 독촉한다. 학교 규모, 지역 환경, 소득 수준, 교사들의 연령대와 역량, 예산 지원 주체, 지원 시스템과 인력에 대한 언급은 없다. 그냥 우수사례다. 우수사례 선정으로 인한 부작용도 많다. 우수하지 않은 학교에 근무하다 보니 발생하는 열패감, 그로 인한 피로도 증가와 학습된 무기력을 경험한 교사들을 어렵지 않게 찾을 수 있다. 우수사례를 가진 학교가 영원할까? 그렇지 않다. 예산 지원이 끊기거나 주도했던 교원이 떠나면 우수사례의 신화는 신기루처럼 사라진다.

학교가 우수사례로 소개되면 외부에서 많은 이들이 찾아오고 언론에서 주목하여 더 많은 사업과 예산이 내려온다. 그 많은 사업과 예산을 집행하여 성과를 내야 하는 것은 결국 교원들이다. 우수사례라는 유명세가 낙인이 되어 교원들이 기피하는 학교가 되는 것이다. 10년 전 우수사례로 소개된 학교가 현재 어떤 모습인지 찾아보라. 아마 대부분의 학교가 우수사례와는 거리가 먼 평범한 모습일 것이다. 실망할 필요 없다. 어쩌면 그것이 학교 안의 삶이고 학교의 본 모습이며 우리가 찾아 헤매던 파랑새가 아닐까. 파랑새는 어디에나 있고, 어디에도 없다. 우리가 눈여겨보지 않았던 보통의 학교가 사실 우리가 찾던 우수학교일 수 있다. 무엇이 우수한 것인가에 대한 재개념화도 필요하고 무엇이 진짜로 학교 교육에 과연 도움이 되는가를 돌아보아야 한다.

실패와 좌절 속에서도 우리는 성장한다

우리는 무수히 많은 실패와 좌절을 경험한다. 실패와 좌절이 꼭 나쁘지 않은 것은 경험적으로 알고 있다. 실패를 통해 다음의 성공을 기약하며 조금씩 발전해나간다. 결과적으로 우리 삶은 실패의 연속이나 절대 패배자는 아니다. 학교에서도 마찬가지다. 학생들과 함께 하는 삶에서 완벽하고 달콤한 성공이란 있을 수 없다. 학교에서의 시간은 인생의 희로애락의 축소판이다.

교육청이나 교육부의 정책에는 완벽한 우수사례가 존재한다. 그 우수사례 속 넘사벽의 모습을 대면하면 많은 교사들이 외면하고 싶어 한다. 우리 가까이에 있는 보통의 학교에서 교사들은 교육부나 교육청이 만들어놓은 정책, 사업, 공문, 행정들로 몸살을 앓는 치열한 상황 속에서 하루하루 학생들과 호흡하며 살아간다. 혹자는 이들을 나태한 교사, 무능한 교사, 월급쟁이 교사라 비난하지만, 이것은 결코 학교 교육에 득이 되지 않는다.

나는 우수학교와 그 속에서 막강한 리더십을 발휘하는 카리스마 넘치는 교장, 교감, 연구부장, 교무부장보다는 묵묵히 학교를 지킨 평범한 교사들에게 더 눈길이 간다. 그들의 희로애락과 실패사례는 그 누구의 관심도 끌지 못했다. 전국의 1만 개가 넘는 학교들이 모두 우수사례일 수는 없다. 하지만 저마다의 가치가 있다. 모든 학교는 그만의 빛깔을 가지고 있다.

축구 경기에서 모든 선수가 골을 넣겠다고 상대편 골대 앞에만 모여있으면 결국 수비와 골키퍼의 부재로 경기에 질 수밖에 없다. 주목받지 않는 일을 하거나 빛나는 곳에 있지 않다고 역할을 하지 않는 것이 아니다. 교육감직선제 10년이 지났다. 그럼에도 여전히 우수사례는 쏟아지고, 이로 인해 많은 교사들이 피곤에 지쳐 있거나 무기력을 겪는 모습을 볼 수 있다. 너무나 안타까울 뿐이다.

고경력 교사들은
왜 학교를 떠나는가?

4.

고경력 교사의 위상과 현실

어느 조직이나 경력자는 있다. 경력자는 그 조직에서 오랜 기간 근무하면서 얻은 노하우를 바탕으로 조직에서 중추적인 역할을 수행하며 그 조직의 성격을 대변한다. 경력자를 어떻게 대하는가는 조직의 성패를 좌우하는 중요한 기준이다. 경력자의 역할은 맡은 업무를 능숙히 처리하는 데 그치지 않는다. 사수, 부사수로서 업무 노하우를 전수하고 저경력자를 이끌어주는 멘토의 역할도 한다. 경력자가 그런 역할을 하지 못하면 조직의 기반이 흔들리기 마련이다.

교직도 크게 다르지 않다. 고경력 교사들은 보이지 않는 노력을 계속해온 사람들이다. 제도적으로는 신규 임용된 이후에 2급 정교사 자격증을 취득하고, 3~4년 후 1급 정교사 자격증을 취득한다. 교사들은 승진하지 않는다면 평생 1급 정교사 자격 상태여서 교직은 수평적이고 민주적인 구조다. 그러나 실제 학교에서는 부장교사가 리더 역할을 하며, 보직을 맡지 않아도 경력 교사가 저경력 교사들에게 멘토 역할을 해준다. 교사 대부분은 경력 10년이 넘어 때가 되면 부장교사가 되어야 한다는 나름의 책임감을 가지고 있다. 대략 10여 년 전까지는 이 보이지 않는 불문율이 유지되었다.

하지만 최근 들어 이 룰이 무너지고 있다. 그 원인은 부장교사의 권위가 사라졌다는 것이다. 과거에는 부장교사가 승진은 아니었어도 존경받는 자리였다. 하지만 최근에는 과도한 행정업무와 민원에 몸살을 앓는 자리가 되었다. 게다가 저경력 교사들은 부장교사들의 요청을 잘 따르지 않는다. 어차피 상사도 아니고 같은 1급 정교사라는 이유에서다. 상황이 이러니 굳이 욕먹어가면서 그 힘든 부장 역할을 해야 하냐는 푸념이 나온다. 부장교사에 대한 현실적인 처우도 문제다. 부장교사 수당은 19년째 7만 원으로 동결되어 있다. 역할과 책임에 비해 정말 비현실적인 금액이다. 성과급의 경우도 마찬가지다. 성과급 산정 시 부장교사들을 우대해주는 학교도 있으나 액수는 큰 차이가 나지 않는다. 더구나 성과급 회의에서 더 많은 상처를 받기도 한다. 일부 교사들이 부장이 왜 꼭 최상위등급인 S를 받아야 하냐고, 자신의 업무도 기피 업무라고 항의하는 것이다. 고경력 교사(부장교사)들은 이러한 다툼이 비일비재하게 벌어지는 현실에 상처받는다. 고경력 교사들의 권위는 사라지고 저경력 교사들이 도발하는 현실에 그야말로 문화 충격을 받는 것이다.

사실 금전적인 보상이 전부는 아니다. 명예와 권위에 대한 존중도 교직생활에 많은 영향을 미친다. 부장교사에 대한 현실적이지 않은 처우에 부장을 희망하는 교사를 찾기 힘들다. 부장교사 경력이 승진점수로 들어가고 초과 부장 경력을 승진가산점으로 인정해주는 시·도 교육청이 늘어나고 있지만, 저경력 교사들은 물론이고 고경력 교사들 사이에서도 승진 기피 현상이 나타나면서 이제 승진점수는 더 이상 인센티브가 되지 못한다.

이와 같은 상황이 지속되다 보니 학교마다 1~2월이 되면 부장교사를 뽑는 일이 해결해야 할 골치 아픈 사안이 되고 있다. 부장교사는 학교 규모에 따라 인원수가 정해져 있는데, 승진에 생각이 없는 이들이 다수 모여 있는 도심지역 학교는 부장교사 임명을 포기하는 일도 있다. 고경력 교사들이 다수 존재하는 학교에서 저경력 교사가 부장을 맡거나 1급 정교사가 아닌 2급 정교사 자격을 가진 교사가 부장교사를 하기도 한다. 심지어 기간제교사가 부장교사를 하는 학교도 있다. 민원이 많은 곳일수록 이러한 현상이 심화되고 있다. 어떤 학교는 부장교사를 추첨하거나, 맡은 업무와 학년을 묶어서 점수제로 운영하기도 한다. 어찌 보면 공정하고 합리적으로 보이지만, 교육의 전문성이 얼마나 무너졌는지를 보여주는 현상이다. 신규교사나 기간제교사가 맡을 수 있는 부장교사라면 전문성이 없다고 봐야 한다.

교직사회는 체계가 무너진 지 오래다. 어느 정도 경력이 쌓여 때가 되면 누구나 부장교사를 해야 한다는 인식을 가졌던 때도 있었지만, 지금은 아무도 하려 하지 않는 기피 대상이 되었다. 이러한 현상은 여러 부수적인 부작용을 유발한다. 가령 학생들 간 학교폭력 사건이 부모들의 싸움으로 번지다 마침내 법적 다툼으로 이어지는 경우를 생각해보자. 이를 초기에 현명하게 대처하고 중재해야 할 사람이 바로 고경력 교사들이다. 그런데 학교폭력 관련 부서의 부장을 고경력 교사가 아닌 저경력 교사나 기간제교사가 맡으면 여러 곤란한 일들이 생길 수밖에 있다. 학교폭력과 관련된 경험과 노하우도 없이 학생이나 학부모를 대하니 당연한 결과다.

교육과정이나 생활지도에 있어 고경력 교사와 저경력 교사의 차이는 생각보다 크다. 그런데 이 차이를 인정하지 않기에 많은 문제가 발생한다. 특히 저경력 교사들 입장에서는 같은 1급 정교사인데 월급은 두 배 가까이 받는 고경력 교사들에 대해 의문을 가지게 되고, 그들이 해주는 이야기를 조언이 아니라 꼰대의 잔소리로 치부한다. 관리자로 불리는 교장이나 교감도 고경력 교사들에 대한 시선이 곱지 않거나, 그들의 판단에 힘을 실어주지 않는다. 은연중에 능력이 부족하거나 열정이 없어서 승진하지 못했을 거라고 생각하는 것이다.

이런 이유들 때문에 많은 고경력 교사들이 저경력 교사들에게 충고해주는 것, 학교 교육과정에서 중심을 잡는 것을 조금씩 삼가게 된다. 결국 세대 간 갈등처럼 인식되어 서로를 기피하게 되는 까닭에 학교 교육력에 있어서도 부정적 요인이 된다. 상황이 이러니 학교에 쉽게 해결될 만한 사안이 발생해도 갈등이 좀처럼 해결되지 않고, 교장이나 교감이 판단하게 만든다. 현재의 학교는 교사 개개인이 각자도생하는 형국이다.

심화되는 고경력 교사의 소진 현상

코로나19 이후 급작스럽게 원격수업이 진행되었다. 초반에는 자체적인 콘텐츠를 제작하지 못한다는 비판을 받기도 했지만 시간이 흐르며 점차 안정되었다. 미디어에 최적화된 세대인 저경력 교사들의 적응 속도는 정말 빨랐다. 반면에 고경력 교사들은 원격교육에 적응하지 못한다는 이유로 저경력 교사, 관리자, 동료 교사, 학부모에게 무시당하기도 했다.

이러한 현상의 이면을 살펴볼 필요가 있다. 사실 저경력 교사들이 원격교육 상황에서 능숙했던 것은 미디어에 익숙한 세대이자 습득력이 빠른 젊은 세대이기 때문이다. 철저하게 개인의 능력에 의존한 결과라 일반화하기도 어렵다. 개인차가 있었다는 뜻이다. 물론 고경력 교사들이 전반적으로 원격수업에 어려움을 겪은 것은 사실이다.

원격교육에 쉽게 적응하지 못하는 고경력 교사들은 이내 '월급 루팡'[30]으로 낙인찍히고 저경력 교사들의 답답한 시선을 느껴야만 했다. 미디어를 능숙하게 활용하는 저경력 교사들 중에는 은근히 고경력 교사를 비난하고 매도하는 이들도 있었다. 이것이 개인적인 문제인지, 시스템의 문제인지를 좀 더 면밀히 살펴야겠지만, 이로 인해 고경력 교사들이 더욱 마음을 닫게 된 것은 사실이다. 이러한 현상은 앞으로 더욱 심화될 것이

---

30) 월급만 축내는 도둑을 뜻하는 비속어

분명하고, 고경력 교사들이 설 곳은 점점 줄어들 것이다.

고경력 교사들이 학교에서 권위와 자존감을 잃는 것이 왜 중요한 문제인가 하고 의구심을 가지는 이들도 있다. 그들은 고경력 교사들은 큰 역할을 하지 못하고, 젊은 교사들이 더 열정적이고 많은 지식을 가지고 있다고 종종 말한다. 그러나 학교와 교육은 복잡성 이론이 적용되는 곳이기에 워낙 많은 변수들이 작동한다. 저경력 교사들이 많은 지식으로 무장했더라도 고경력 교사가 몸으로 터득한 노하우를 넘어서기란 어렵다. 학교의 복잡다단한 문제들을 해결하는 데는 고경력 교사의 노하우가 반드시 필요하다.

그런데 고경력 교사들 중 다수가 40대 중후반에 명예퇴직을 준비하기 시작한다. 가장 역할을 많이 해야 할 경력자이자 리더 그룹들이 조직에서 이탈하는 것이다. 이러한 현상은 고경력 교사들의 소진 현상에서 기인한다고 볼 수 있다.

소진 현상은 초·중등 교사를 가릴 것 없이 나타나고 있다. 치열한 입시와 임용고시의 높은 경쟁률을 뚫고 교직에 들어온 교사들은 저경력일 때는 순수한 열정을 불태운다. 그러나 경력이 쌓이며 이상과 다른 현실의 장벽에 부딪히고 결국 소진에 이르고 만다. 입직 초기 좋은 교사가 되고자 했던 소망이 사라지고 학교폭력, 교권침해, 행정업무 과중 등으로 교직효능감이 낮아지면 급격하게 회의주의에 빠져들기도 한다. 거기다 코로나19 이후 교육의 디지털 전환, 미디어 활용 능력이 중요하게 떠오르면서 빠른 변화에 적응하지 못해 더 힘들어하고 있다. 고경력 교사로서 존중을 받지 못하면 더 이상 학교에서 의미 있는 존재가 아니라는 생각에 빠져들어 더욱더 소진 현상이 가속화된다.

고경력 교사의 명예퇴직을 막기 위한 몇 가지 조치

이러한 상황의 개선을 위해서는 무엇이 필요할까? 급변하는 교직 환경 변화에 걸맞은 성장지원 체제가 뒷받침되지 못하고 있는 현실을 극복하기 위해 새로운 자격체제로의 개편을 고민해야 한다. 변화하는 사회에서 교사들이 자부심과 긍지를 가지고 자신의 역량을 발전시킬 수 있는 자격체제, 동료들과의 협업·소통을 통해 동반 성장하는 교직 문화를 만들 수 있는 자격체제로의 개편이 필요하다.

특히 '선임교사' 등 자격제도 개편을 통해서 이 소진 현상을 개선하고, 고경력 교사들의 자존감을 회복해야 한다는 연구와 현장의 요구가 많다. 하지만 경제논리와 학생 수 감소라는 현실의 벽에 막혀 제도 개선은 전혀 이루어지지 못하고 있다. 아마도 자격제도 개선은 학령인구 감소로 인한 교사 구조조정 이야기가 본격화되는 시점에나 가능할 것으로 보인다. 게다가 현재로서는 자격제도 개선이 고경력 교사들을 우대하기 위한 것이 아니라 평가를 통한 구조조정을 위한 것이 될 가능성이 크다.

소진 현상은 사실 승진제도나 연수제도 등과도 연관되어 있다. 소진 현상이 발생하는 원인은 다양하다. 우선 오랜 기간 같은 업무와 수업을 하다 보니 생기는 무기력감, 효능감 저하 등을 꼽을 수 있다. 또한 학교 폭력이나 교권침해, 학생이나 학부모와 갈등 관계에서 오는 심리적인 요소들도 있다. 우울한 상황인데 정서적, 심리적 지지마저 없다 보니 상황이 더 악화되는 것이다. 일시적으로 또는 영구적으로 수업이나 학교 현장에서 이탈하고 싶지만 명예퇴직을 하지 않는 이상 방법은 거의 없다.

거의 유일한 방법이 바로 휴직이다. 교사들이 학교 내 문제 상황이 발생할 때 일반적으로 사용하는 휴직은 육아휴직과 병휴직이다. 육아휴직은 해당 연령의 아이가 있고 기간도 남아 있어야 가능하다. 병휴직은 정확한 진단명이 있어야 가능하다. 미혼이고 자녀가 없고 건강한 이들은 휴직하기가 어렵다. 그 외에 간병휴직, 동반휴직 등이 있는데 이것도 간병할 대상이 있거나 배우자가 있어야 가능하다. 결국 휴직 조건에 들지 못하는 교사는 학교 안에서 발생하는 여러 갈등 상황을 피할 길이 마땅치 않다. 병가도 1년에 60일 정도 사용할 수 있는데, 기간이 제한적이고 연장이 되지 않는다.

그렇다면 제도적으로 학교 내 갈등을 영구적으로 피할 수 있는 방법은 없을까? 승진이나 전직이라는 방법이 있지만 현실은 녹록지 않다. 교감이나 교장이 되는 것을 승진이라 하는데, 전체 교사 중 극소수의 인원만이 승진한다. 대략 5퍼센트 내외의 인원만이 교장, 교감이 된다. 현재 승진제도는 극소수의 교사들만 성공할 수 있는 까닭에 주목받지 못하고 있다. 또 승진해서 교장, 교감이 되더라도 많은 민원을 해결해야 하는 위치라서 그 또한 쉬운 길이 아니다. 교육전문직원 시험도 마찬가지인데,

워낙 극소수를 시험을 통해 선발하기 때문에 별도의 준비가 없으면 불가능하다. 결국 승진이나 전직 모두, 학교 현장에서 갈등을 빚고 있는 수많은 교원들에게 대안이 될 수 없다.

고경력 교사들의 소진은 막을 수 없는 현상이고, 이들에게 종착지는 명예퇴직 외에는 없는 형국이다. 명예퇴직 희망자 증가는 앞으로도 계속될 전망이다. 교사들의 소진 현상을 더 심화시키는 것은 바로 제도적인 시스템의 미비다. 저경력 교사나 고경력 교사나 수업시수도 동일한 기준으로 짜여진다. 업무 분장과 담임이나 부장 등의 역할을 맡는 방식도 마찬가지다. 얼핏 합리적으로 보이지만, 체계가 없다는 것은 교직의 전문성을 하락시키는 근본적인 원인이 된다.

그런데 이 문제에 대해 교원단체들은 어떠한 제도적, 문화적 변화도 원하지 않으며 지금 이대로가 좋다고 말한다. 개별 교사들 또한 힘들면 명예퇴직하면 그만이라는 인식이 강하다.

이 상황에서 가장 피해를 보는 것은 학생들이다. 우수한 경력 교사들이 현실에 안주해 제자리걸음을 하거나 명예퇴직으로 현장에서 이탈해 버리니 말이다. "젊은 교사들이 보기에 좋고 열정적"이라고 칭찬하는 학부모들이 놓치고 있는 무엇인가가 있다. 고경력자는 저경력자가 갖지 못한 수많은 경험이라는 자산이 있다. 유연성과 삶의 지혜, 연륜, 교육과정에 대한 이해도 등은 짧은 시간의 노력으로 쉽게 얻지 못하는 것이다. 오랜 시간 노력해서 겨우 얻은 경험과 지혜가 일순간에 사라지는 현실이 안타깝다.

명예퇴직 러쉬 현상은 우리 시대 교직의 맨얼굴을 보여준다. 고경력 교사들이 갈 곳은 어디에도 없다. 그들이 가고 싶어 하는 자리는 승진도, 꼰대도, 외면도 아닌 잠시 쉬어갈 휴식처다. 모두가 떠난 자리에, 권한 없는 관리자인 교장, 교감과 저경력 교사만 남는다. 결국 고경력 교사가 자신만의 노하우로 해결해야 할 각종 교육 현안들을 관리자가 해결해야 한다. 이제는 관리자들도 못 해먹겠다고 명예퇴직 대열에 합류하고 있다. 고경력 교사들이 다 사라지면 결국 남는 것은 저경력 교사의 희생이 아닐까 싶다. 모든 조직은 상생하는 구조여야 한다. 특정 계층이 우대받거나 외면받아서는 안 된다. 학교의 주축이 되어야 할 고경력 교사들은 더더욱 그렇다.

교직과 승진에 냉소적인
MZ 세대 교사들

5.

전 세계적으로 직장인들의 일하는 방식에 많은 변화가 일어나고 있다. 우리나라도 MZ 세대의 등장과 함께 직장인들 사이에서 새로운 문화가 만들어지고 여러 가지 신조어가 생겨나고 있다. MZ 세대는 기성세대와 구분되는 분명한 특징이 있다. 예를 들면 임금 받은 만큼, 대우받은 만큼 일하는 것이다. 이들은 '조용한 사직'을 하기도 하는데 이는 일과 삶의 균형을 추구하는 워라벨보다 좀 더 방어적이면서도 적극적인 방식의 선택이다. 사표를 늘 가슴에 품고만 다녔지 실행하지 못했던 기성세대들과는 확연히 다르다. 어렵게 대기업에 입사하거나 높은 경쟁률을 뚫고 공무원이 된 후에도 몇 년 만에 퇴사를 선택하는 이들이 점점 더 늘어나고 있다. 이러한 현상이 소수에게만 국한된 일이 아니다.

교직도 예외는 아니다. MZ 세대 교사들은 교직에서 많은 숫자를 차지하지 않는다. 굳이 따진다면 소수다. 실제 교원들의 평균 나이가 2019

년 기준 41.1세다. 또한 최근 5년간 임용된 교사들은 이전에 임용되었던 인원수와 비교해 많지 않은 편이다. MZ 세대 교사들은 소수에 불과하지만 이들이 교직에 끼치는 영향력과 파급력은 상당하다.

기존 질서를 거부하는 MZ 세대 교사

학령인구 급감으로 2010년 이후 임용률은 크게 줄었다. 교육대학교를 졸업해도 초등교사가 되지 못하는 사람들이 늘고 있다. 초등 임용 경쟁률은 전국 평균 2 대 1을 넘은 지 오래다. 교대 4학년 학생들의 평균 임용률이 50퍼센트에도 미치지 못하는 것이다. 중등의 경우는 교과마다 다르나 5 대 1 혹은 10 대 1은 기본값이다. MZ 세대는 더욱 치열하게 스펙 경쟁을 하며 임용고시를 치르고 있다. 임용고시 과정에서 겪는 예비교사들의 아픔은 당사자가 아니면 알 수 없다. 임용고시를 준비하면서 우울증 치료를 받는 이들도 많다. 예비교사 카페에는 "우울증 치료를 받으면 임용고시를 볼 수 없나요?"라는 질문이 종종 올라온다. 안타까운 것은 이렇게 힘들게 들어온 학교인데, 이들은 시작부터 번아웃을 겪기도 한다는 점이다.

교직 사회는 매우 보수적이고 경직되어 있는 데다 경력자, 관리자의 입김이 세게 작동한다. 일반적으로 교사들은 기성세대가 만들어놓은 불문율을 따른다. 경력을 쌓아가다가 일정 경력이 되면 자연스럽게 부장교사(보직형)를 맡고 승진에도 관심을 가진다. 새로운 형태의 수업과 교육과정에 대해 관심을 가지고, 특화된 자기만의 분야(상담, 생활지도, 대학원 진학)를 찾기 위한 고민도 한다.

그러나 MZ 세대 중에는 기존 질서를 따르지 않는 이들이 점점 많아지고 있다. 교직에 헌신하기보다는 소소한 자기만족에서 행복을 찾거나 제 갈 길을 찾는 것이다. 그동안 힘든 시간을 보냈으니 이제 보상을 받아야 한다는 생각이 클 수도 있다. MZ 세대 교사들에게는 경력 교사나 관리자도 그저 학교에 있는 한 명의 동료일 뿐이다. 선배들은 나에게 해줄 수 있는 것도 없고 기대도 하지 않을뿐더러 무엇을 강요할 수 있는 존재가 아니라고 생각한다. 코로나19의 확산으로 도입된 원격교육은 이러한 생각에 기름을 부었다. 원격교육은 MZ 세대 교사들에게 더 익숙한 영역이라 굳이 경력자들에게 아쉬운 소리를 할 이유가 없었다. 이들에게 기존 경력자들의 성공 경험담(학생지도, 교육적 경험, 승진 준비)은 더 이상 가치 있고 매력적인 아이템이 아니다.

MZ 세대 교사들에게 승진이란?

이제까지는 경력 교사들에게 사명감 또는 승진이 중요한 가치였다. 기업에서는 승진을 하면 직급과 권한이 올라가고 급여가 늘어나는 것이 일반적이다. 그러나 교직의 승진은 좀 다르다. 교직은 특정직이며 단일호봉제를 가진 직종이다. 승진을 해도 급여 체계가 달라지지는 않는다. 일부 수당이 있으나 공식적인 급여로 보기는 어렵다. 교장과 교감은 관리자로 불리는데, 이들에게는 일부 인사 권한이 있다. 업무와 학년(담임) 배분이 이들에게 주어진 권한인데 최근에는 공정성에 대한 교사들의 요구를 받아들여 점수제로 운영하는 학교가 늘어나고 있다. 이는 시대적 요구에 따라 자연스럽게 인사권을 포기하는 관리자가 늘어나고 있다는 의미다. 불필요한 오해를 줄이기 위한 선택이지만 리더가 자신의 권한을 포기한다는 것은 파장이 만만치 않다. 관리자의 책임과 권한을 따져볼 때 딱히 매력적이지 않다는 것이 MZ 세대의 판단이다. 관리자가 되면 수업을 하지 않는 장점이 있긴 하지만, 대신 과도한 행정업무에 시달리게 된다.

40~50대 경력 교사들은 승진에 많은 관심을 가졌던 세대다. 전국에 40만 명이 넘는 교원이 있는데, 이 중 교장이나 교감을 지칭하는 관리자의 숫자는 비율상 높지 않다. 초·중·고 기관이 1만 3,000개인데, 그곳에 교장과 교감이 각 1명씩 있으니 당연하다. 교직은 전형적인 피라미드 계층 구조를 가진다. 이러한 구조의 집단은 하위 직급의 승진 적체가 매우 심각하다. 물론 교사는 특정직이고 평교사가 대부분이라 승진이 문제가 되지 않는다는 관점도 있다. 평교사의 비율은 90퍼센트 이상이고 관리자는 5퍼센트 내외인데, 평교사의 경우 다수가 50대 전후로 명예퇴직을 한다. 이렇다 보니 체감상 승진하는 교사는 더욱 극소수로 느껴진다.

관리자가 되기까지의 과정은 매우 까다롭고 어렵다. 20~30년간 근무

성적, 연수성적, 각종 가산점 등을 관리해야 한다. 관리한다고 해서 모두 관리자가 되는 것도 아니다. 승진제도가 조금씩 달라지기도 하는 데다 치열한 경쟁에서 우위를 점해야만 가능하다. 교육전문직원(장학사)이 되어 승진하는 길도 있으나 워낙 소수 인원을 선발하므로 이 과정도 수월하지 않다. 그나마 4050 세대는 승진에 대해 생각해볼 기회가 있었다. 학생 수와 학교 수가 일정 수 이상이어서 승진가산점을 모을 기회가 있었다. 각종 가산점은 기피 업무와 기피 지역을 챙기며 모았다.

하지만 MZ 세대 교사는 승진을 하고 싶어도 제도가 자주 바뀌어 쉽지 않다. 예를 들어 현재 교사들의 승진에 절대적인 영향력을 끼치는 학교폭력예방 승진가산점이 새로 생겼고 다시 개정되었다. 이 과정에서 기존에 승진을 준비하던 교사들의 피해가 발생하였다. 교육부 승진가산점 체계도 이렇게 주먹구구식이니 시·도 교육청 승진가산점은 더 말할 것도 없다.

MZ 세대에게는 승진의 기회 자체가 별로 없다. 선배 세대들에 비해 가산점을 모을 기회도 없고, 희소한 가산점들은 여러 이유로 사라졌다. 승진가산점은 변별력이 가장 중요한 기준인데, 일정 수준의 경력 교사들만 가산점에 도전하여 받을 수 있게 하다가 그 가산점 제도를 없애면 경력이 적은 교사들에게는 승진 기회가 원천적으로 차단되는 결과를 불러온다. 이러한 기회의 박탈은 세대 간 공정성 논란까지 불러일으킬 수 있다.

게다가 학교 수가 줄어드는 상황은 MZ 세대 교사들의 승진 자체를 매우 어렵게 한다. 기존에 약속된 승진가산점이 부도수표가 될 가능성이 높아진다는 의미이다. MZ 세대가 이러한 사실을 놓칠 리 없다. 소멸 예정 지역에서 근무하는 교원들 중 승진 자체가 불가능한 미션인 것을 모르는 이는 없다. 이렇다 보니 학교마다 부장교사를 구하기 어려운 상황이다. 익히 알려져 있다시피 부장교사 수당은 지난 20년간 7만 원을 유지하고 있다. 수당도 적고 책임만 많은 부장교사를 왜 하겠는가.

교직과 승진에 대한 새로운 관점

지금 4050 세대 교사가 승진하려는 주된 이유는 무엇일까? 나이가 들면 체력의 한계로 수업이나 학급관리가 어려워지는 것도 있고, 동기나 후배가 관리자로 오는 것에 대한 우려도 있다. 그러나 MZ 세대에게는 이런 일이 벌어질 가능성이 별로 없다. 승진하지 못하는 교사가 10년 후에는 일반적일 것이기 때문이다. 이들에게는 명예퇴직도 없이 고연령 평교사의 미래만이 있을 뿐이다. 실제로 5년 후에는 초등학생 수가 현재의 50퍼센트 아래로 떨어질 것이 예측된다. 학령인구의 감소가 학교와 관리자 수의 축소로 이어질 것은 불 보듯 뻔한 현실이다.

연금제도도 MZ 세대 교사가 승진을 바라보는 관점에 영향을 미친다. 대부분의 경력 교사들은 65세부터 연금을 받을 수 있지만, MZ 세대는 연금에 대한 기대조차 없다. MZ 세대들은 공무원연금이 국민연금보다 못하다는 인식이 강해서 65세부터 연금을 수령할 수 있을 거라는 기대조차 하지 않는다. 이미 일본, 프랑스 등에서 연금 수령 나이를 늦춰 고령화 사회에 대비하고 있는 것을 보고 생겨난 인식이다. 게다가 정년이 늘어나면 어렵게 승진을 해도 딱 8년 교장을 하고 다시 평교사로 돌아와야 하니, 굳이 승진에 매달릴 필요를 느끼지 않는 것이다.

승진제도 기피의 또 다른 이유는 노력에 비해 승진의 가성비가 떨어진다는 생각이다. 현재 교장과 교감이 권위가 있다거나 실질적인 인사권이 있다고 생각하는 교사들은 거의 없다. 교장, 교감이 권한보다 책임이 많고 민원 해결까지 담당해야 하기에 더 이상 매력적이지 않다. 교장직은 8년까지 근무가 가능하나 실제로는 승진 적체가 심해 4년밖에 못하는 교장이 상당수다. 교장 중임제를 단임제로 바꾸기 위한 논의가 착수되고 있다는 이야기도 들린다. 한편 교감은 관리자이긴 하나 교사와 교장 사이에서 역할이 애매하다.

이런 이유로 다수의 MZ 세대 교사는 승진에 별 관심이 없다. 교육청에서 승진가산점이나 부장가산점, 담임가산점을 만들어도 시큰둥하다. 실제 승진가산점을 통해 움직일 수 있는 교원은 4050 세대의 10~15퍼센트 정도뿐이다. MZ 세대 교사는 20년이나 30년 후에 자신이 교직에 있을지 여부도 장담할 수 없고 학령인구의 축소로 교사직이 유지될지 어떨지도 모른다. 그래서 승진 체계에 대해 회의감과 불신을 넘어 무관심으로 일관한다. 실제로 2022년 10월 교육부에서 기초학습 부진 전수 평가를 이야기하면서 승진가산점을 줄 수도 있다고 했지만 교사들은 별로 관심이 없었다. 승진가산점을 주고 수억 원의 예산을 준다고 해도 이제 연구학교에서 일하고자 하는 교사는 거의 없다.

MZ 세대는 4050 세대의 승진 대열에 끼지 않고 본인의 관심사에 몰입하는 모습을 보인다. MZ 세대가 제일 부러워하는 사람은 재테크에 성공했거나 자녀 교육에 성공한 사람이다. 특정 분야에 대한 전문성을 쌓아 외부 강의를 하고 저서를 집필하는 이들을 롤모델로 삼기도 한다. 중앙정부에서 고시를 통과한 MZ 세대들이 만년 서기관(4급)에 머물며 과장을 달지 않으려고 하는 현상과 맥을 같이한다.

MZ 세대 교사는 급여를 받은 만큼, 대우받은 만큼 일하자는 주의가 강하다. 퇴근 이후 학부모나 동료 교원에게 걸려오는 전화를 받지 않고, 부당한 일에는 바로 대응하거나 아예 무시하는 방식을 취한다. 실제로 요즘에는 금요일 오후가 되면 교사들 다수의 메신저가 꺼져 있다. 이것이 근로자의 당연한 권리라고 받아들이는 추세다. 그리고 이러한 문화는 4050 세대에까지 확산되고 있다. '굳이 조직에 충성할 필요가 있는가?'라는 질문에 딱 맞는 변화된 행동들이다.

MZ 세대 교사들이 교직에 주는 메시지

이제 이러한 현상들이 던지는 메시지가 무엇인지 생각해보아야 할 때다. MZ 세대 교사들은 이직에 대한 욕망이 강하고, 실제로 교직을 그만두고 다른 일을 시작하는 사례도 늘고 있다. 힘들게 임용고시를 통과하여 공무원이 되었는데도 미련 없이 떠나는 이들은 무언가 큰 꿈을 꾸는 사람들이 아니다. 사회가 이들에게 사명감을 가지고 헌신적으로 일하는 교사의 모습을 기대하는 것이 맞는 일인지 생각해봐야 한다. 각자가 동료에게, 선배에게, 학부모에게, 그리고 조직 문화에 나름의 방식으로 저항하는 모습들이다. 교직 문화를 돌아보고 변화해야 할 때라는 시그널이 아닐까 싶다.

MZ 세대 교사가 중심이 된 공교육을 어떻게 이끌어가야 할지 고민하고 성찰하여 대안을 내놓아야 할 때다. MZ 세대 교사들이 교직의 고단한 현실을 외면하고 학교 밖에서 자신만의 성을 쌓을 생각에만 몰두하지 않도록, 학교에서 일하는 가운데 성과를 쌓고 자신의 가치를 찾으며 성장할 수 있도록 공교육이 변화해야 한다. 이들의 고민과 성찰과 성장이 그대로 교직과 교육의 성장으로 이어질 것이기 때문이다. MZ 세대 교사가 주역이 되는 미래에 교직은 어떤 모습이어야 할지 고민이 시급하다.

교원 자격체제
다양화의 필요성을 제안하다[31]

– 선임교사 제도 도입을 중심으로

6.

우리나라에서는 교육정책의 전문가가 아닌 사람을 찾아보기 어렵다. 최근 들어서 정치인, 언론인 등도 교육정책 전문가로 등장한다. 누구나 전문가라 말하지만 그들이 모두 학교 현장을 경험해본 것은 아니기에 그 차이점은 분명하다. 우리나라는 교사의 성장을 국가가 주도하는 편이지만, 그 형식과 내용은 현장 중심이 아니고 교원 자격체제 또한 체계적이지 않다. 미래사회의 변화를 주도적으로 반영하고 교육혁신의 성과를 계승·발전하려면 그 핵심 동력이자 주축인 교사들의 성장을 지원하는 체제를 살펴볼 필요가 있다.

---

31) 경기도교육청의 『미래교육을 펼쳐가는 교원 자격체제 다양화 방안 연구』(2021)에 실은 글을 발췌 수정한 글입니다.

현행 교원 자격체제의 문제점

초·중·고를 막론하고 치열한 입시와 임용고시 경쟁을 뚫고 교직에 들어온 교사들은 3~4년 차까지는 교직에 대한 순수한 열정을 불태운다. 그러다 이상과는 다른 현실의 장벽에 부딪혀 이내 소진 상태에 이른다. 이것이 여러 연구에서 공통적으로 지적하는 교직 현실이다. 현장에 있다는 이유만으로 전문성을 인정하기 어려운 것도 사실이다. 교육과 사회의 변화가 워낙 빠르다 보니 교실에 있다고 교육 전문가로 불리는 시절은 이미 지나버렸다. 얼마 전 토론회에서 한 참석자가 교사들은 변화를 두려워하고 좋은 연수가 많은데 찾아서 하지 않는다고 한 말이 마음에 걸렸다. 현 제도 내에서는 교사들이 성장할 기회가 없다는 주장도 다수의 구성원은 공허한 외침에 불과하다고 인식한다. 1급 정교사 연수가 방학이나 주말에 강제적으로 하는 연수라는 한계는 있지만, 최신의 흐름과 사회 변화를 배울 수 있는 계기인 것은 부인할 수 없는 사실이다.

사회의 변화로 인한 학교에 대한 다양한 요구 때문에 교사들은 소진 현상을 겪는다. 임용 초기에 학생들을 사랑하고 좋은 교사가 되고자 했던 열의는 사라지고 학교폭력, 교권침해, 행정업무 과중 등으로 교직효능감이 낮아지고 회의주의에 빠져든다. 교사들은 보통 3~5년 정도 근무한 후에 1급 정교사 자격을 취득하는데, 이 과정은 젊은 교사들의 소진과 무력감을 해소하기에는 역부족이다. 게다가 이후 거의 20년 이상을 내적 직무 동력을 상실한 채로 학교 안에서 어떤 의미 있는 역할도 담당하지 못하곤 한다. 상황이 이러한데 교사들의 성장을 지원하고 스스로 역량을 강화하도록 해야 하는 자격체제는 구시대에 머물러 있다.

교대를 졸업하면서 받는 2급 정교사 자격, 그리고 평균 3~5년의 경력 교사들이 취득하는 1급 정교사 자격을 제외하면 교감, 교장으로 승진하지 않는 교사들은 거의 30년 이상을 자격의 변동은 물론 자격 갱신 없이 일해야 하는 상황이다. 다른 주요 선진국들의 상황을 보면 우리나라와 같이 단선적인 승진과 연계된 자격체제를 유지하는 경우는 거의 없다. 싱가포르는 교수 트랙과 행정가 트랙, 그리고 전문가 트랙을 분리하고, 캐나다는 교사 자격을 3단계로 유지하고 별도의 교장 자격을 둔다. 영국은 정교사(qualified teacher status) 자격 외에 숙련교사제(advanced skills teachers scheme)와 우수교사제(advanced skills teachers scheme)를 두고 있다. 중요한 것은 교장을 일반 교사에서 승진하는 것으로 인식하는 경우는 거의 없으며 오히려 일반 교사와는 전혀 다른 '행정직'으로 인식하는 경우가 더 많다. 또한 가르치는 일이 주된 업무인 교사의 자격은 좀 더 세분되어 단계마다 주어지는 직무에 차별을 두고 일정한 조건에 따른 인증 혹은 갱신을 통하여 급여 등과 연계시키기도 한다.

전국시도교육감협의회에서 발표한 '교사 생애주기별 성장체제 연구(2019)'에서 교사들은 고경력 교사들이 학교 현장에서 온전하게 자기 역량을 발휘할 수 있는 장이 마련되어야 하며, 고경력 교사가 저경력 교사의 멘토 역할을 할 수 있는 '교사의 교사 되기'를 위한 별도의 전문성 지원체제가 필요함을 제안한다. 또한 단순히 승진을 매개로 교사의 전문성과 자발성을 견인하기는 어렵다고 판단하여 고경력 교사들이 배움과 성장, 나눔을 실천할 수 있는 체제의 구축이 필요함을 지적하고 있다.

교사와 가장 유사한 직종인 대학 교수의 경우 조교수, 부교수, 정교수의 세 가지 직급이 있다. 이는 교수들이 교사보다 10년 정도 입직이 늦는 점을 감안할 경우 재직기간 동안 3차례의 '승진' 기회가 있다는 의미다. 따라서 2급과 1급만 존재하는 교사들의 현 직급체제는 보완이 시급하다. 일반직 공무원과 같이 세분화된 직급체제는 아니더라도, 1급 정교사가 된 이후 교감, 교장으로 승진하기 전까지 어떤 동기유발 체제도 없는 현재 상황은 개선이 필요하다. 급변하는 교직 환경에 걸맞은 성장지원 체제를 제공하지 못하고 있는 것이 현실이며 새로운 자격체제로의 개편을 고민해야 하는 상황이다. 변화하는 사회에서 교사들이 자부심과 긍지를 가지고 자신의 역량을 쌓아가고 동료들과의 협업, 소통을 통해 동반 성장하는 교직 문화를 만들 수 있는 자격체제로의 개편이 필요하다는 데 많은 교사들이 동의하고 있다.

새로운 교원 자격체제 도입이 시급하다

현행 교원 자격체제는 오랜 기간 유지되면서 교직 문화에 많은 영향을 미쳤다. 교원 자격체제 안에는 교원양성, 교원임용, 교원승진, 교원연수 등이 포함되어 있다.

1정 교사 자격연수(이하 '1정 연수')는 교육 경력 3년 차 이상이 대상이며, 시·도별로 일부 차이가 있다. 현행 제도는 1정 연수 점수가 승진에 절대적인 영향을 미친다. 그런데 2020년 상반기부터 1정 연수가 절대평가로 바뀌었고, 그동안 정량적인 평가로 인해 불가능했던 혁신적인 시도가 시·도마다 진행되고 있다. 사실 교원 자격체제의 관점에서 볼 때 1정 연수는 시기가 더 큰 문제다. 보통은 20대 중반에 교직에 입문하고 20대 후반에 1정 교사 자격연수를 받게 된다. 즉 승진하는 대략 3퍼센트의 인원을 제외한 90퍼센트 이상의 교원들이 1정 연수 이후 체계적인 자격연수의 기회를 제공받지 못하는 것이다. 물론 자율연수와 직무연수가 존재하긴 하나 교원 개인의 선택에 맡겨져 있을 뿐, 국가 차원에서는 권한, 의무, 책무가 정해져 있지 않은 상황이다.

20대 입직을 기준으로 볼 때 교원에게는 대략 30대부터 50대까지 긴 공백이 생긴다. 물론 현재 생애주기별 국가 자격체제 기준이 없으므로 승진하지 않는 교원들이 문제 있다는 시각으로 접근할 수는 없다. 같은 맥락에서 전문성 강화의 혜택과 권한이 고경력 교사에게 없었다는 점이 문제다. 이것은 부수적으로 여러 가지 문제를 낳을 우려가 있다.

특히 고경력 교사들의 소진 현상은 교직 사회의 경직성을 가져오게 되므로 이는 교직 전체의 큰 손실이다. 이것이 또한 고경력 교사들이 40대 후반에서 50대 초반 사이에 명예퇴직을 하는 원인으로 작용하는 것도 사실이다. 이에 기존 교육부, 중앙정부, 한국교육개발원 등 국책연구기관에서는 교원들의 소진 현상과 교원 자격체제 변화에 대해 여러 연구

를 진행하였고, 2017년 이후 국가교육회의와 전국시도교육감협의회에서
도 새로운 자격체제가 필요하다는 동일한 결론을 얻었다. 더욱이 2025년
고교학점제 도입이 다가오고 있어, 학생 중심의 교육과정 운영을 위해
국가 차원에서 교원들에게 체계적인 재교육의 기회를 부여해야 한다는
지적도 있다. 실제 많은 학교 현장에서 부장교사를 구하기가 어렵다. 도
심 지역의 교감 선생님들은 학년 말이 되면 차년도 부장을 구하러 다닌
다. 부장교사의 부재는 학교 운영에 많은 차질을 가져오게 되므로, 만연
한 부장 기피 현상을 완화하기 위해서 교원정책을 근본적으로 개선해야
한다는 목소리가 높아지고 있다. 고경력 교사들이 명예롭게 부장직을 수
행할 수 있도록 제도적 변화가 필요한 상황이다.

경기도교육청에서도 미래형 교원 자격체제를 위한 연구를 진행하였
다. 2020년 교원 1만 명 이상에게 설문을 진행한 결과, 대부분의 교원들
이 새로운 자격체제와 1정 교사 이후의 자격 도입을 매우 긍정적으로 바
라보고 있음이 확인되었다. 연구기관의 부연구위원, 연구위원, 선임연
구위원 체계에 착안하여 현행 교원 자격체제 이후 '선임교사'라는 새로운
자격을 신설하면 어떨까? '선임교사' 명칭은 기존 유사한 정책연구에서
도 제안한 바 있다. '전문교사'라는 명칭도 해당 분야에서 최고가 되는 교
수요원을 칭하는 단어이므로 교원들에게 거부감이 없을 듯하다.

물론 일각에서는 계층화에 대한 비판도 있을 수 있다. 그러나 시대가 바
뀌었고 여러 현상에 대한 부작용이 본격적으로 논의되는 시점임을 감안
한다면 제도의 변화는 불가피하다. 20~30년 동안 유지되어온 '2급, 1급'

의 자격체제가 이제 분화해야 할 시점이다. 시대 환경이 변화하면 제도도 그에 맞게 변화해야 한다. 특히 미래사회 준비와 학령인구 급감이라는 주요한 변화를 맞이할 교원에게 재교육의 기회는 매우 필요하다. 교사들의 소진 현상을 막고 그들에게 책임감과 권한과 의무를 동시에 줄 수 있는 새로운 제도의 준비를 위해서도 필요한 일이다.

'선임교사' 제도에 대한 구체적 논의

선임교사는 수석교사, 공모제 교장과 같은 형태로 4년 임기제로 임용하는 것이 적합하다. 1정 자격연수와 같이 전체를 대상으로 영구자격을 도입하는 것은 초기 정책적으로는 의미가 있을 수 있으나, 일정 시기가 지난 후의 효과성에 의문이 제기될 수 있다. 또한 교직 문화와 교원사회의 계층화 우려가 있을 수 있어, 수석교사와 같이 임기제 연장 방식이 적합하다 판단된다. 임기제를 유지하다가 9년 이상 재직하면 영구자격으로 전환하는 방식을 도입하였으면 한다. 이 영구자격의 명칭을 선임교사로 할지, 별도의 명칭인 전문교사로 할지는 추후 심층적인 논의를 통해 결정해야 한다. 일부에서 선임교사도 교육전문직원, 수석교사, 교감처럼 정해진 인원을 선발하자는 의견도 있으나 그럴 경우 소수의 사람들만 특혜를 받을 수 있다는 점과 또 하나의 승진 단계로 전락할 우려가 있다는 점 때문에 선발보다는 일정 자격 요건을 갖추면 누구나 다 할 수 있도록 하는 것이 좋다고 생각된다. 만약 이런 방식으로 선임교사 제도를 만든다면 교사 개인의 자율적인 판단에 의해 신청 가능하며 누구나 지원하고 싶은 매력적인 제도가 될 수 있을 것이다. 또한 고경력 교사들이 선임교사로서 소진되지 않고 연구와 수업에 매진할 수 있는 제도적 환경을 만드는 데도 노력을 기울어야 한다. 경기도교육청에서 제시한 선임교사 제도를 포함한 새로운 교사 자격체제에 대해 〈표 3〉과 같이 고민하여 보았다.

〈표 3〉 새로운 교사 자격의 권한과 역할

자격	상(像)	역할	자격취득
2급 정교사	• 기본적인 교육학 · 교육과정 소양을 획득한 교사 • 경기도교육청 내 한 학급 또는 한 교과 담임의 역할을 수행할 수 있는 교사 • 학급(교과) 수준의 전문가	• 경기도교육청 공립학교 임용고사 응시 자격 • 사립학교 임용고사 응시 자격 • 기간제교사 임용 자격 • 학급 담임 또는 교과 담임 자격	• 교육대학교 · 사범대학교 4년 졸업 또는 교육대학원 졸업
1급 정교사	• 일정 기간 실근무를 통해 학급을 원만하게 경영할 수 있고 수업의 전문성을 갖춘 교사 • 한 학교의 업무부장으로 동료 교사들을 이끌 수 있는 리더십을 갖춘 교사 • 학교 수준의 전문가	• 보직교사 시 승진점수 획득 • 임상장학 면제 • 1호봉 승급	• 만 3년 실경력: 자격 연수 기회 부여 • 90시간 이상의 자격 연수 이수 또는 석사 학위 취득

선임교사	• 경기도교육청에서 추구하는 가치와 비전은 끊임없이 발전하는 데 비해, 학교 현장으로의 공유는 잘 되고 있지 않음. 이러한 것을 지역(학교)에 공유하는(전수하는) 교사 • 지역(마을) 수준의 전문가 • 1, 2급 정교사 및 신규교사들의 멘토 교사 • 학교 내에서 리더그룹으로 수업·행정·생활지도·상담 등의 영역에서 중추적인 역할	• (학교 내 선택에 따라) 부장 자격 • 교직수당 부여(선임 10만 원*) • 한 달에 일정 연구시간 보장 • 3년 미만 신규교사 멘토교사 • 교육(지원)청 및 교사 연구회, 각종 TF 인력풀 • (학교·지역 선택에 따라) 근무지 이동 시 가산점 또는 초빙교사 기회 부여 • (학교 내 선택에 따라) 연구·회의공간 등 마련 • 1호봉 승급	• 교육 실경력 12년 • 필수 - 부장경력 1년 또는 2년 • 선택 예시 - 석사 학위 소지자 - 5년간 300시간 이상 직무연수 - 예비교사 실습지도 경력(실습학교 근무, 실습지도 경력 등) - 온라인 동료평가에서 일정 기준 이상을 획득한 교사(예-80점 이상) • 실경력 및 필수, 선택 조건을 만족시 선임교사 자격연수 기회 부여 • (임기제) 120시간 이상의 자격연수 이수 시 4년간 선임교사 자격 취득 • 선임교사 총 8년의 재직기간 후 9년차부터 영구자격 취득(3번 이상의 선임교사 임용)
영구자격 선임교사 또는 전문교사	• 시·도교육청 내 최고 전문가 그룹	• 각종 장학 면제 • 수업시수 혜택 • 1급 정교사, 선임교사의 멘토 • 근무지 선택에서의 우대	• 선임교사 3회 선정부터 영구자격 부여(선임교사 9년차) • 신규교사, 2급, 1급 정교사 멘토 및 컨설팅 경력 • 온라인 동료평가에서 일정 기준 이상을 획득한 교사(예-80점 이상)

◆ 현재 5년 이상 교사는 55,000~60,000원의 연구수당을 받기 때문에 실질적으로는 40,000~45,000원 추가 수당 획득

출처: 경기도교육청(2021)

1급 정교사 자격을 취득하고 약 10년 이후를 선임교사 지원 기준으로 한다면 이는 시·도 교육청별 교육전문직원(장학사) 시험 응시 기준과 유사하다. 교육 경력을 기준으로 하면 대략 〈표 4〉와 같은 형태의 생애주기별 자격 취득 체제가 나올 것으로 예상된다. 향후 인구 구조 변화의 영향으로 인해 교원 정년이 현행 만 62세보다 상향될 가능성을 고려한다면 자격체제를 한 단계 더 신설하는 것도 명분을 얻을 수 있을 것이다.

교사를 성장시키는 교원체제의 변화를 기대하며

미래사회와 미래교육의 담론은 교원인사 정책에도 적용되어야 한다. 민감하다고 예민하다고 피하기만 하면 좋은 정책이 나오기 어렵다. 해외

〈표 4〉 교직 생애주기별 선임교사와 전문교사 자격 취득 과정(안)

자격 (기간)	1급 정교사	선임 교사	선임 교사 갱신	전문교사 (영구선임 교사)	전문교사 갱신 (영구선임 교사)	영구 전문 교사 (영구선임 교사)
누적 교육 경력	3~5년	15년	19년	23년	27년	31년
자격 취득 예상 나이 (24세 교직 시작)	27~ 29세	39~ 41세	43~ 45세	47~ 49세	51~ 53세	55~ 57세

다른 나라의 사례를 보더라도 국가적인 기준을 만들어 명확한 자격체제를 만드는 것은 꼭 필요하다고 본다. '교원양성, 임용, 연수, 자격, 승진'은 일관된 철학과 관점으로 구성되어야 한다. 하지만 현실은 각 정책 영역별로 분절적 속성을 지니고 있는 데다 여러 이해관계가 맞물려 큰 틀의 변화 없이 부분적 개선만 반복해온 실정이다.

평생학습의 관점에서 보면 교사 역시 끊임없이 배우고 학습해야 하며, 학교 안팎의 학습공동체 참여, 체계적인 연수 이수, 대학원 학습 등 다양한 방식의 자기주도적 학습이 필요하다. 다른 공무원 직종들을 살펴보면 생애주기마다 나름의 책임과 권한, 역할을 규정해놓고 있다. 일반 행정직 공무원은 직급이 세분화됨에 따라 역할이 규정되며, 경찰, 소방, 군인 등 공무원도 마찬가지다. 오직 교육 분야만 그렇지 않다. 현재 대부분의 공무원 체계가 직급을 바탕으로 위계 질서를 부여하고 있으나, 교원은 상대적으로 수평적인 직종으로 촘촘한 직급이 존재하지 않는다. 물론 교직의 특수성을 고려할 필요는 있다. 하지만 관료 체계가 아닌 여타의 연구직이나 교수직에서도 나름의 책무성과 책임성을 확인하는 최소한의 장치가 존재한다. 즉 최소한의 직무 성취를 확인할 수 있는 기준점이 존재한다는 말이다.

아직까지 이러한 체제를 교원에게도 적용할 수 있는가에 대해서는 이견과 쟁점이 존재한다. 교사는 수평적 직급체제를 바탕으로 상호 협력을 도모하는 집단이므로 단계를 나누면 자칫 계층화를 유발할 우려도 있다. 이러한 우려에도 불구하고 교직 사회에 활력을 불어넣기 위해서는 최소한의 직무 책임성을 확인할 수 있는 장치가 필요하다. 동시에 고경력 교사들의 소진 문제를 어떻게 해결하느냐에 대한 고민을 본격화해야한다. 승진하지 않은 고경력 교사들 중 다수가 40대 후반이나 50대 초반, 늦어도 50대 중반 즈음에 명예퇴직을 하는 현상은 매우 안타까운 상황이며, 개인뿐 아니라 조직 차원에서도 큰 손해다. 고경력 교사들은 보통 20~30년가량 현장에서 근무하면서 얻은 많은 노하우를 가지고 있다. 교실 현장에서 축적된 경험적 지식을 우리 교육의 자산으로 어떻게 활용할 것인가는 매우 중요한 문제다. 현행 교원 자격체제로는 이러한 문제들을 해결하기 어렵다.

이러한 논의가 본격화되어 교원 자격체제 관련 문제를 해결하는 계기가 되기를 바란다. 경로 의존성과 관행이라는 이름으로 현실에서 발생하는 문제를 간과해서는 안 된다. 어떤 제도도 완벽할 수는 없다. 제도 변경에 따른 이익과 더불어 일부 부작용도 있을 수 있다. 하지만 분명한 것은 현행 제도를 그대로 두어서는 안 된다는 것이다. 이러한 자격체제의 개선으로 언젠가 교직도 관료적 위계 구조(계층, 승진)에서 탈피하고, 보직제의 개념을 적용하여 조직의 혁신성과 역동성을 담보할 수 있는 문화와 시스템을 모색할 수 있어야 한다. 선임교사제의 도입 결정은 법제화가 필요하므로, 그 과정에서 교원단체나 교육계 관계자들의 합의점을 도출해야 한다.

핵심은 소진된 고경력 교사들의 사기 진작을 위해 새로운 자격체제가 필요하다는 것이다. 그런데 아쉽게도 일부 교원단체는 새로운 변화를 거부하는 성명서를 발표하기도 하였다. 익숙하다고 완벽한 것일 수는 없다. 아무런 노력도 하지 않으면 아무것도 변화하지 않는다. 선임교사 제도도 완벽하지 않을 수 있고, 구체적으로 들어가면 이견이 있을 수도 있다. 선임교사 자격조건에도 다양한 이견이 있을 수 있다. 그렇지만 분명한 것은 현행 제도가 이제는 바뀌어야 한다는 공통적인 인식을 교원 다수가 하고 있다는 것이다. 서로 대화와 타협을 통해 합의점을 이끌어내는 자세가 필요하다.

마지막으로 선임교사나 전문교사를 어떻게 활용할지에 대한 중장기적인 계획이 국가 차원 및 시·도 차원에서 필요하다. 가령 현재 국가교육회의에서 논의 중인 예비교사를 위한 '실습학기제'와 관련된 역할을 선임교사들에게 부여할 수 있다고 본다. 교사들에게 새로운 자격체제가 왜 필요한지를 묻는다면, 교사들의 전문성이 곧 교육의 신뢰와 연결되기 때문이라고 답하겠다. 교육개혁을 말하자면 교사개혁이 먼저다. 전 세계에서 교사를 위축시키면서 성공한 교육개혁은 존재하지 않는다. 교사, 교원정책에 대한 투자를 통해 학교를 바꿔가길 바란다.

참고문헌
– 경기도교육청, 『미래교육을 펼쳐가는 교원 자격체제 다양화 방안 연구』, 2021
– 홍섭근·김민규·신범철·오수정·우영진, 『미래교육역량 강화를 위한 교원연수 및 자격제도 개선 방안 연구』, 경기도교육연구원, 2020

신도시 학교의
문제와 그 대안을 고민하다[32]

– 경기도 상황을 중심으로

7.

경기도 내 신도시의 과밀학급 문제

2022년 6월 과밀학급 문제가 교육정책 이슈로 떠올랐는데, 이는 교사들 사이에서는 새삼스러운 이야기가 아니다. 우리나라의 경제발전과 함께 생겨난 신도시를 중심으로 비슷한 문제가 오랫동안 지속되어왔다. 인구가 밀집한 전국의 신도시는 대부분 비슷한 상황이다. 여기에서는 신도시가 많이 몰려 있는 경기도의 상황에 주목하였지만 이는 경기도만의 문제가 아니라 전국에 산재해 있는 신도시들의 공통적인 문제기도 하다.

---

32) 이 글은 2021년 11월 국회토론회에서 발표한 '학급당 학생 수 감축 및 과대 · 과밀학급 해소방안' 발제문을 수정한 것이다.

경기도는 전국 과밀학급의 과반수가 모여 있는 곳으로 전국에서 가장 인구가 많고 학생 수도 많지만 늘 정책의 중심에서 배제되는 지역이다. 광역시와 특별시는 그 자체로 주목받고, 열악한 도 단위는 교육격차 문제로 인해 투자가 늘어난다. 상황이 이러니 경기도는 다른 시·도에 투자하고 난 후에야 재정과 인력이 주어지곤 한다. 수도권이지만 신도시가 많은 관계로 모든 지표가 열악한 곳이 바로 경기도다. 경기도가 전국에서 가장 열악한 상황임을 여러 데이터에서 확인할 수 있다. 이는 교육청 차원의 문제가 아닌, 중앙정부에서 경기도를 바라보는 관점의 문제다. 교육부와 한국교육개발원이 발간한 『OECD 교육지표 2021』에 따르면 학급당 학생 수(2019년 기준)는 초등학교 약 23명, 중학교 26.1명이다. 이는 OECD 평균치보다 각각 1.9명, 2.8명 더 많은 수준이다. 고등학생의 경우 OECD에서 미산출해 지표에 담기지 않았다.[33] 교육계에서는 우리나라의 학령인구 감소 속도로 볼 때 향후 몇 년 안에 OECD 평균보다 내려갈 것으로 예측하고 있다. 그러나 이는 평균의 함정이고, 경기도의 상황은 이 수치보다 훨씬 좋지 않다.

'2020년 학급당 학생 수 구간별 학급 수 현황'(교육부)에 따르면 전국에서 과밀학급 문제가 가장 심각한 지역은 경기도였다. 그중에서도 화성, 오산, 용인 등 신도시가 과밀학급 1위부터 3위까지를 차지했다. 해당 자

---

33) 교육부와 한국교육개발원이 발간한 『OECD 교육지표 2021』을 참고했다.

료에서는 경기도 내 초·중·고 학급 43.2퍼센트가 과밀학급으로 분류되었는데, 이는 전국 평균 28퍼센트를 훨씬 상회하는 수치였다. 과밀학급 기준인 '학급당 학생 수 28명 이상' 학급은 전국 초·중·고 전체 학급 중 4만 439학급이었는데 이 가운데 경기도가 1만 7,481학급을 차지한다. 2021년 경기도교육청의 조사에서는 도내 2,445교 중 1,320교가 과밀학급으로 파악되었다. 교육부에서는 2024년까지 3년간 총 3조 원의 예산을 투입해 과밀학급 문제가 심각한 초·중·고의 학급을 증설, 분반해 28명 이상의 과밀학급을 줄이기로 하였다. 그러나 이는 학교 현장의 상황을, 특히 경기도의 상황을 이해하지 못한 채 내놓은 계획이다.

〈표 5〉는 2020년 기준 전국의 학급당 평균 학생 수인데, 이는 OECD에서 제시한 초등학교와 중학교의 데이터를 재구성한 것이다.[34]

〈표 5〉 2020년 전국 학급당 평균 학생 수

	서울	부산	대구	인천	광주	대전	울산	세종	경기
초	22.1	22.2	22.5	22.7	21.4	20.8	22.9	20.9	24.3
중	23.9	24.9	24.1	26.2	24.2	25.4	25.1	22.7	28.7

	강원	충북	충남	전북	전남	경북	경남	제주
초	17.3	19.8	20.2	18.5	17.8	20.1	20.9	22.7
중	22.6	23.9	25.6	23.2	22.3	21.4	24.6	26.4

출처: 2020 전국 학급당 학생 수(경기도교육청)

이 자료를 보면 초등학교는 경기도가 24.3명으로 압도적인 1위다. 서울, 부산, 대구, 인천, 울산, 제주는 22명 수준이고 나머지는 그 이하다. 중학교 역시 28.7명으로 경기도가 압도적인 1위다. 그러나 이것도 실제 내용을 들여다보면 평균의 함정임을 알 수 있다. 신도시가 많은 지역에서는 평균이 20명대 후반이거나 30명대 초반인 곳도 존재한다. 학급의 학생 수 1명은 학교 현장에서는 매우 큰 차이다. 수치만 봐도 경기도의 열악한 환경과 어려움을 알 수 있다.

경기도 내 학생과 학부모, 교원들은 과밀학급의 고통을 감내하고 있다. 학급당 학생 수는 그저 교실 안에 학생이 몇 명 더 많다는 단순한 수치가 아니다. 그로 인해 여러 문제가 파생되기 때문이다. 토론형 수업, 평가 방식의 다양화, 교육과정 재구성, 학생 중심 교육과정 운영, 학생 상담, 학교폭력 예방 등 여러 교육 활동이 현실적으로 어려워진다. 게다가 경기도의 학급당 학생 수 문제는 두 가지 이유 때문에 더욱 난항을 겪고 있다. 학교 공간 부족 문제와 교원 부족 문제다. 이는 예산과도 결부되는 문제인데, 교육부에서 다른 시·도에 우선적으로 예산과 교원을 분배한 후 경기도의 기준을 맨 뒤에 적용하기 때문에 더욱 심화되고 있다.

---

34) 한국교육개발원 국가교육통계연구본부, 2020

장학사의 모든 것

신도시 학교의 공간 부족과 부실한 대응

교육청은 신도시의 수요를 예측해 계획을 세우려 하지만, 진단과 수요를 체계적으로 파악하지 못하고 있다. 때문에 실제 신도시가 들어오면 예측과 달리 교실 공간이 많이 부족하거나 오히려 남는 경우도 발생한다. 수요 예측 실패로 인한 학생과 교실의 미스매칭 현상이 비일비재한 것이다. 신도시의 학생 수 급증으로 인한 학교 부족 문제도 지속적으로 제기되고 있다. 경기도는 타 시·도보다 압도적으로 신도시가 많다. 신도시 아파트 단지 내에 학교가 충분히 설립되지 않아서 기존의 학교에 학생들을 보낼 수밖에 없는 것이 현실이다. 이로 인해 기존 학교는 과밀학급을 넘어 초과밀학급이 되고 있다. 또한 원주민들은 학교 환경이 열악해진다는 이유로 신도시 아이들의 수용을 반대해 지역 갈등으로까지 번지고 있다. 학교를 추가로 설립하더라도 아파트 입주 시기에 맞추기가 어렵다는 점도 문제의 한 원인이다.

사실 학교 신·증설 문제도 쉽지 않은 상황이다. 2022년 기준 7,613억 원이 예산으로 배정되어 있으며, 2017년부터 2021년까지 중앙투자심사 결과는 〈표 6〉과 같다. 승인되는 비율이 2021년 기준 64.6퍼센트로 현저하게 낮아 실제 신도시의 수요를 소화하기 어려운 것이 현실이다. 이러한 기준은 교육부에서 까다로운 조건을 내걸고 학교 설립 억제에 대한 기준까지 가지고 있기 때문인 것으로 파악된다. 타 시·도와의 형평성이 그 이유라는 것은 알겠지만, 인구가 줄어드는 시·도와 신도시 건설로 인구가 늘어나는 경기도의 상황이 분명 다른데도 기준을 똑같이 적용하는 것은 모순이다. 이는 신도시의 특수한 상황을 전혀 고려하지 않은 탁상공론이라는 비판을 받아 마땅하다.

〈표 6〉 학교 신·증설 예산

(단위 : 교)

구분		2017년	2018년	2019년	2020년	2021년
심사 의뢰		84	45	76	39	48
승인	적정	35	12	26	8	11
	조건부	19	21	29	9	20
	합계(비율)	54(64.3%)	33(73.3%)	55(72.4%)	17(43.6%)	31(64.6%)

출처: 2017~2021년 중앙투자심사 결과(교육부)

최근 교육부는 과밀학급에 대한 대안으로 모듈러 교실을 제안하고 있으나, 이는 근본적 대안이 될 수 없다. 공사 기간이 단축된다는 장점이 있지만, 비용은 그닥 절감되지 않는 데다 정상적인 건축물과 비교하여 안전을 담보하기 어렵다. 화재에도 취약하다. 더욱 큰 문제는 운동장에 모듈러 교실을 설치하는 것인데, 이로 인해 학생들의 수업권, 활동권에 상당한 제약이 생기게 된다. 교실이나 학교가 수용소 같은 모양새가 되어 정서적인 문제도 발생할 수 있다. 땜질 식 해결보다는 중장기적인 대책이 필요하다.

장학사의 모든 것

학교 공사로 인한 안전 문제

신도시 내 학교에서 공사가 늦어지다 보면 학생 안전에 문제가 발생할 수 있다. 트럭이나 레미콘 등 대형 차량이 드나들면서 학생들의 안전을 위협하는데, 학교 구조상 학생들의 통학로를 별도로 만들기가 어려운 경우도 종종 있다. 실제로 학생이 치명상을 입거나 사망하는 경우가 경기도에서 지속적으로 보고되고 있다. 방학 중 공사가 원칙이긴 하나 상황에 따라 학기 시작 후까지 공사를 하는 경우도 생긴다. 그 외에 신도시에는 신호등, 육교, 펜스, 볼라드, 카메라 등 등하교 안전시설이 미비된 곳이 많아 민원이 끊이지 않고 있다. 학생의 안전을 위한 기본적인 시설임에도 지자체에서 설계 시 학생들의 안전을 고려하지 않아서 생기는 일이다. 이는 교육전문가의 설계 참여로 해결 가능하다.

중학교와 고등학교 배정 문제

경기도의 31개 시군구와 25개 지역 교육지원청의 중입 배정 방식은 모두 다르고, 또 매년 상황에 따라 조금씩 달라진다. 31개 시군구의 지역적, 문화적 상황이 다르기 때문에 중입 배정 정책을 시행하더라도 몇몇 시군에는 바로 적용할 수 없다. 경기도 내 지역에서도 구별로 인구 상황, 도시 환경이 다르기 때문이다. 게다가 학교와 학부모의 생각도 모두 다르다. 학교 배정은 진로와 연결되는 문제라 학부모나 학생에게 매우 중요하고도 민감한 사안이다.

먼저 경기도 내 몇 곳을 살펴보자. 성남은 3개 학구로 나누어져 있는데 중입 배정에 대한 민원이 상당히 많은 것으로 알려져 있다. 용인은 세분화된 중학구로 나뉘어 성남보다는 나은 편이나 학교 배정 방식의 한계로 인해 모든 학생이 원하는 곳에 배치받을 수는 없는 형편이다. 부천은 주소지마다 세분화되어 있어 같은 학교에 재학 중이더라도 주소지에 따라 다른 중학교를 배정받는다. 수원은 중학구마다 다른 방식을 적용하는 특징이 있다. 이런 독특한 방식은 문화적 차이와 수원 내 지역적 차이에서 유래했다고 본다. 이 방식이 학부모나 학생 선호도 측면에서 좋을 수도 있으나 불만족스러운 학생과 학부모의 민원이 더 많이 발생할 수도 있다.

경기도 내 시군에서는 학생과 학부모의 요구에 따라 약간씩 정책을 조정하기도 하는데, 이것이 옳은 방식인지는 고민해봐야 한다. 정책을 조정한다는 것은 원칙이 흔들린다는 것이므로, 이제까지의 기준이 옳다고 생각하는 이들로서는 지금의 피해가 제도의 변화에서 기인했다고 생각할 수 있다. 어떤 정책이 옳은가 그른가에 대한 정답은 없고 모두를 만족시킬 수 있는 정책은 존재하지 않는다.

현재 교육부에서는 초·중·고의 신설을 억제하고 있다. 학령인구 감소를 이유로 신도시에도 중학교를 신설하는 것이 쉽지 않다. 한편 과밀학급이 될 것이 분명한 학생들이 중학교 입학 배정을 받을 시점에 학교를 설립하더라도 실제 혜택을 보는 것은 2~3년 후의 후배들이라는 한계가 있다. 즉 건물은 옮길 수가 없고 한 번 계획한 후 완공까지 오랜 기간

장학사의 모든 것

이 걸려 신중한 대책 마련이 필요하다. 실제로는 예측을 하고 지어도 공사 기간이 오래 걸려 문제가 되기도 하고, 수용 범위가 줄거나 크게 늘어 문제가 생기기도 한다.

고등학교는 수 자체가 적어 구의 경계를 넘어서 배정받는 경우도 생기는데, 전학도 까다로워 현실적으로 한 번 배정받으면 방법이 거의 없다. 대중교통이 불편하거나 아예 없는 경우에는 학생과 학부모들의 고통이 커질 수밖에 없다. 대중교통이 있는 경우와 없는 경우는 엄청난 차이가 있다. 때문에 학생들의 이동 동선과 학구 기준에 따라 대중교통이 정비되어야 할 필요성이 꾸준히 제기되어왔다. 이는 교육청이 지자체와 긴밀히 연계해 문제를 해결해나가야 할 일이다.

신도시 학교 문제 해결을 위한 대안

학급당 학생 수는 교육력에 결정적으로 영향을 미치는 부분이다. 국가는 공립학교만이라도 전국적으로 비슷하고 균형 있는 교육을 받을 수 있도록 정책을 펼쳐야 한다. 경기도의 규모가 크다고 열악한 상황을 방치해서는 안 된다. 경기도는 다른 시·도와 다르게 인구가 몰리고 있어서 각종 지표가 열악해지고 있으므로, 교원 수나 예산을 배치할 때 이 점을 고려하여 새로운 방식과 기준으로 접근해야 한다. 현재 일부에서 논의되고 있는 경기도의 분도(남부, 북부)도 문제의 해결방안이 될 수 있겠지만,

이 역시 20년 전부터 나온 이야기로 언제 시행될지 모르는 가능성을 전제로 정책을 펼치기는 어렵다고 판단된다. 중장기적으로 학생 수가 감소한다는 것은 누구나 알고 있지만, 당장 2~3년 안에 벌어질 현실을 반영한 단기적인 정책도 병행해야 한다.

기획재정부와 교육부의 다른 입장도 현장에 상당한 영향력을 미치므로 교육적인 상황을 감안한 예산 편성이 필요하다. 기획재정부는 경제적인 여건과 향후 학령인구 감소나 과원 교사 발생 등을 예측하여 이를 반영하려 하는 반면, 교육부는 그보다는 교육 효과와 학생, 학부모, 교원 단체의 요구를 고려하려 한다. 이처럼 정부 부처가 조율 없이 서로 엇박자를 내는 것도 지속적인 문제 발생의 이유다. 2021년 국회예산정책처는 학생 수 자연감소분을 고려하더라도 초 7,275개, 중 1만 7,881개, 고 7,711개 등 3만 2,867개의 학급을 늘려야만 2025년 학급당 학생 수가 20명이 넘지 않을 것으로 전망, 이에 따라 교실 증축비 5조 9,091억 원, 담임교사 신규 채용 등 인건비 7조 8,202억 원을 합쳐 13조 7,293억 원이 들 것으로 내다봤다.[35] 그러나 이러한 예측은 실제 교육부의 2022 예산에는 반영되지 않았다. 현재 경기도의 특수성을 감안하여 별도의 예산과 인력을 확보, 배치하는 것도 고려할 만한 방법일 것이다.

학급당 학생 수를 논의할 때 20명 평균이 아니라 최소한 30명은 넘지

---

35) 국회예산정책처, '과밀학급 해소를 위한 학급수 증가 시 재정 소요 추계', 2021

않는다는 상한선을 이야기할 필요가 있다. 특히 경기도는 이 부분이 가장 시급하다. 현실적으로 학급당 학생 수 30명을 넘지 않아야 한다는 법적 근거를 마련해야 한다. 법안에서 다루는 것은 쟁점이 있을 수 있어 진행이 쉽지 않다. 또한 13조 원이 넘는 대규모 예산 투입은 현실적으로 어려울 수 있다. 그보다는 시행령(교육부), 규칙(교육청) 안에 상한선에 대한 내용을 담는 것이 방법이 될 수 있다.

신도시와 구도심의 비율을 고려해 교원 정원이나 학교 신·증설의 기준을 완화하는 것이 필요하다. 그렇지 않다면 현재처럼 공간 부족으로 인한 무분별한 모듈러 교실 문제, 정원 외 기간제교사 문제가 지속적으로 불거질 수밖에 없다. 지자체가 도시계획 단계에서 학교부지 선정 등의 작업 시 교육적 관점에서 접근하는 것도 필요하다. 이를 위해 신도시 설립 초부터 지자체와 교육청이 협업할 수 있는 부서를 신설하거나, 도청이나 지자체에 교육협력관 파견제도를 활용할 것을 제안한다. 인력 파견 외에도 학교 신·증설을 위한 센터나 기관을 지자체와 교육청이 함께 연계하여 운영하는 것도 좋은 방법이 될 수 있다.

신도시의 교통 인프라 확충, 안전시설 확충도 반드시 필요하다. 학생들이 몰리는 신도시 학교 중 대중교통 상황이 열악하여 교통 여건을 개선해야 하는 지역을 선정하여 교통 편의를 증진해야 한다. 버스 노선 신설 등 대중교통 시스템을 지자체와 협조하여 정비하고, 지자체의 협조가 어렵다면 교육청에서 도심 속 스쿨버스를 운영하는 방법도 고려할 수 있다. 또한 신도시의 신호등, 육교, 펜스, 볼라드, 카메라 등 등하교 안전시설을 지자체와 함께 전수 조사하여 단기간 내에 지원, 설치해야 한다. 이러한 여러 가지 노력을 병행해야만 경기도 내 신도시 학교 문제가 일정 부분 해소될 것이다. 당분간은 신도시 인구 집중으로 과밀학급 등 학교 상황이 더욱 악화될 가능성이 농후하다. 이는 자연적으로 해결될 문제가 아니다. 늦었지만 지금이라도 적극적으로 대안을 모색해야 할 것이다.

장학사의 모든 것

원도심 지역
학교 이전 논란을 바라보며

8.

우리나라에서 학벌과 학력은 대한민국 역사와 문화를 관통하는 중요한 요소 중 하나다. 명문 고등학교를 중심으로 주요 네트워크가 만들어지고, 활성화된 특정 학교의 동문회는 해당 지역의 희로애락을 함께 한다. 지역 명문고 졸업생들의 동창회가 결성되어 지역사회 연대의 축이 되고, 그 연대의 끈으로 지역사회 발전이 이어지기도 한다. 한때는 동문회가 도시 발전을 주도하는 등 긍정적인 효과를 가져오기도 하였다. 하지만 산업화 시대에 큰 역할을 했던 구도심들이 이제 수명이 다하고 있다. 그와 동시에 신도시가 건설되면서 낡은 원도심의 공동화 현상은 불가피한 일이 되었다. 그로 인해 여러 가지 사회문제가 나타나고 원도심의 주민들은 각종 어려움을 호소하고 있다. 이미 원도심 공동화 현상이 가속되고 있는 지역에서는 지역 소멸에 대한 불안감이 증가하기 시작하였다. 원도심 공동화 현상은 서울은 물론 부산, 인천, 대전, 대구 등 광역시에서 공통적으로 나타나고 있고, 경기도 내 수원, 용인, 성남, 안양 등 일정 규모 이상의 오래된 도시들도 비슷한 상황이다.

불가피한 원도심 공동화 현상과 학교

원도심의 중심에는 언제나 학교가 있다. 명문 중고교나 대학들이다. 명칭부터가 해당 지역을 대표하는 곳들도 존재한다. 지역과 학교를 공동운명체라 인식하는 이들도 많다. 학교 입장에서는 지역사회가 학교의 자율권을 침해하는 요구를 할 때는 어렵고 힘든 것이 사실이지만, 또 위기일 때 도움이 되는 네트워크인 것은 분명하다. 지역의 상황이 안정적일 때는 지역사회의 무리한 요구가 크게 문제시되지 않았다. 그러나 신도시 개발로 원도심 지역의 공동화 현상이 나타나기 시작하고 상대적으로 낙후되어가는 모습을 보는 주민들은 불만을 토로하기 시작한다.

원도심 공동화 논란에서 빠질 수 없는 것이 바로 고등학교 이전 문제다. 때로는 초등학교나 중학교, 대학교가 논란이 되기도 한다. 학교는 사회의 수많은 구성원과 연결된 복잡한 조직이다. 고등학교 이전과 관련해 해당 학교 학생도 학년별로 의견이 다를 것이고 교직원도 마찬가지다. 학부모도 여건과 상황에 따라 다른 입장을 보이고 지역 내 위치와 위상에 따라 각자의 의견을 피력한다. 학교 안에서 이 정도니, 지역사회와 지역 구성원들까지 고려하자면 서로 다른 관점의 충돌은 불가피하다. 그중에서 가장 큰 영향력을 가진 이들이 바로 지역 정치인과 총동문회일 것이다. 이들은 지역사회를 상징하는 학교의 정체성과 기존 질서의 변화를 원하지 않는다. 그렇지만 세상에 영원한 것은 없고 각자의 이해관계와는 별개로 작동하는 것도 있다.

학교 이전과 관련하여 고려해야 할 사항은 여러 가지다. 변화를 추구하는 도시재생, 인접한 신도시의 탄생, 학령인구의 급감, 미래교육에 대한 수요, 학교와 학생의 안전에 대한 요구, 다양한 교육적 수요, 학교의 공간 문제, 교육적 가치, 현재 재학 중인 학생과 학부모의 요구 등 다양한 요구와 상황들을 고려해야 한다. 또한 모든 가치를 떠나 학교를 새로 증축하거나 개축할 때는 학생들의 안전 문제와 공사기간도 고려해야 할 사항이다. 또 재학생과 신입생의 입장에 대한 고려, 중장기적인 수요 예측 등도 이루어져야 한다.

교육정책의 변화도 원도심 공동화 현상을 가속화하는 한 원인이다. 예를 들어 고교평준화 현상의 일반화와 자사고, 특목고 등장으로 인한 지역 명문고의 퇴색도 원도심 현상을 가속화한다. 그 외에 주차 공간 부족, 활동 공간 부족, 불편한 시설 및 환경, 시설 노후화로 인한 안전 문제, 주변 환경에 악영향, 학교 내 불건전한 일 발생의 우려, 음침한 분위기로 인한 슬럼화 가능성 등의 문제도 마찬가지다.

교육받는 학생의 권리가 최우선시되어야

원도심의 인구 감소와 신도시로의 유출은 전국적인 현상이므로 특정 지역의 문제로 볼 수는 없다. 우리 지역에서도 언젠가 원도심 문제는 부각될 것이고 공동화 현상이나 학생 수 감소 문제 역시 마주할 수밖에 없다. 그 과정에서 도시의 변화는 불가피하다. 결국 개발 논리에 의해 원도심이나 신도시는 변화할 수밖에 없다. 특히 원도심의 규모 축소는 슬럼화, 도심 속 학교 폐교, 다문화 현상의 심화 등을 초래하는 것이 일반적이다. 막을 수 없으니 긍정적인 변화로 보든, 새롭게 도시를 재편하든 해야 하는 상황이다.

원도심의 교육환경 개선 요구는 지속적으로 있어왔지만, 현실적으로 원도심만 지속적인 특혜를 주기는 어렵다. 원도심 개발로 향후 유입인구가 늘어날 것이라는 전망도 있긴 하나 현재 시점에서는 확신할 수 없는 일이다. 역사가 오래되었으니 학교를 남겨두어야 한다는 주장이 있는데, 전라도, 강원도 지역에서는 100년 이상 된 학교들이 폐교된 사례도 적지 않다. 학생 수 감소와 지역의 변화로 불가피한 부분인 것이다. 그렇지만 또한 100년의 역사를 자랑하는 학교들이 100년 동안 원도심을 위해 기여한 부분을 생각해보아야 한다.

도시의 필요성이나 학교 구성원들의 요구에 의해 학교는 이전할 수 있으며, 이때 쾌적한 환경에서 교육받을 학생들의 권리가 우선되어야 한다. 사실 원도심의 오래된 학교는 대규모로 리모델링하기도 어렵지만,

하게 되더라도 학교에서 공사가 진행되면 학생들의 수업 환경에 악영향을 줄 가능성이 크다. 이러한 방식은 지역이나 학교, 학생 모두에게 불행한 일이 될 수 있다. 따라서 결정에 앞서 객관적인 데이터 파악이 우선되어야 한다. 재학생, 학부모, 교직원 전체의 학교 이전에 대한 동의율을 먼저 파악해야 한다. 또한 지역사회의 입장도 고려해야 하나 이것이 주가 되어서는 안 된다. 관련 전문가들의 의견을 종합하여 분석하는 것도 필요하다. 객관적 데이터가 나온다면 교육청과 학교 측에서 이를 바탕으로 각 주체들의 의견을 적극적으로 수렴한 후, 최종 정책 결정을 해야 한다.

교육청의 입장과 의지도 중요하다. 학교를 이전하는 목적과 그에 대한 명확한 상과 비전을 제시해야 한다. 특히 옮기는 지역과 옮겨가는 지역 모두가 윈윈이 될 수 있도록 이전 후의 계획도 필요하다. 학교 이전 시 비워지는 학교 부지를 어떻게 활용할지, 원도심의 학생들은 어떻게 교육을 받을지(신설학교, 인근학교 수용 등), 필요하다면 스쿨버스 등 이동 수단에 대한 보조를 제공할지 등에 대해서 명확한 계획이 있어야 한다.

연구와 설문 결과 다수가 원하고 필요하여 여건상 옮길 수밖에 없다고 판단되면, 일부 지역 주민이나 정치인들이 반대하더라도 실행해야 한다. 특히 학생들의 교육적인 여건 개선을 위해서라면 더욱 그렇다. 어떠한 경우에도 교육적 가치와 학생이 최우선이 되어야 하기 때문이다. 다만 학교를 이전할 때에는 행정예고를 통해 재학생들의 피해가 없도록 해야 한다. 가령 2년 후 학교를 옮긴다면 다음 해부터는 신입생을 받지 않아야 하고, 재학생은 졸업할 때까지 해당 학교에 재학할 수 있도록 해야 한다. 통학을 위한 스쿨버스 등 이동 수단과 안전 확보는 필수다. 공사 기간에 학생들이 학교를 출입하다 사고를 당하는 경우가 빈번하기에 세밀한 대응이 중요하다.

학교는 시대의 흐름에 따라 유연하게 변화해야 한다. 지역사회의 상징도 다변화되어야 한다. 앞으로도 신도시는 계속 생길 것이고 원도심은 특별한 변화가 없는 이상 학령인구가 감소할 것이다. 변화를 늦출 수 없는 현실임을 감안하여, 이에 맞는 정책을 개발해야 한다. 노후된 학교에서 교육받는 학생들의 어려움을 생각해서라도 원도심의 학교는 앞으로의 역할에 대해 고민해야 할 때다. 마지막으로, 과연 학교는 무엇인지를 다시 한 번 생각해보았으면 한다.

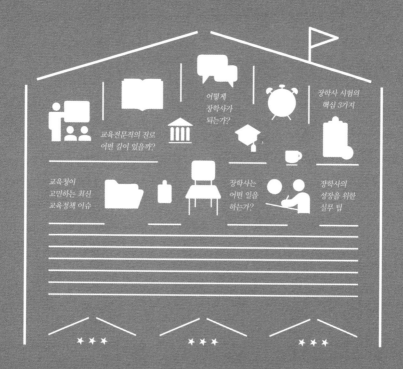

교육전문직의 진로
어떤 길이 있을까?

어떻게
장학사가
되는가?

장학사 시험의
핵심 3가지

교육청이
고민하는 최신
교육정책 이슈

장학사는
어떤 일을
하는가?

장학사의
성장을 위한
실무 팁

★★★　★★★　★★★

부록

〈제 목〉

I. 추진근거 _ 위계가 있도록 구성 (큰 범위 → 작은 범위)

    □ 법령: 초중등교육법 등

    □ 민선 ○기 교육감 인수위 백서, ○○교육기본계획, ○○ 기본계획, 중장기 계획 등

    □ 정책명 "_____"

II. 추진배경

    □ (학생)

    □ (학교)

    □ (사회)

    예 ~의 새로운 패러다임 요구 | ~ 중심의 적극적인 지도 대책 필요성 대두 | ~ 교육(혁신)으로 학교문화 조성의 필요성 등

III. 목적 _ 독립변인+종속변인 형식

    □ (학생) **예** ~ 미래사회 ~ 역량을 갖춘 인재 육성 | ~ 민주시민 육성

    □ (학교 또는 교원) **예** ~ 전문성 신장을 통한 ~ 역량 강화 | ~ 학교 교육의 질 제고

    □ (학부모 및 지역사회) **예** ~ 통한 학교 교육력 제고로 공교육 신뢰도 향상 | ~ 확대를 통한 ~ 만족도 제고

IV. 현황 및 시사점 _ 매트릭스 분석(스왓 분석 등)을 통한 전략 도출

주체	실태(현황) 또는 문제점	시사점
학생		
학부모		

학교(교사)		
지역사회		

V. 추진방침 _ 3~4개 정도

– 실제 어떻게 추진할지 방법에 초점을 맞춤. 정책연구, TF팀 운영, 토론회 및 공청회 운영, 도의회와 협조하여 조례 추진 등 ⑩ ~ 위한 지원체제 구축 | ~ 전문성, 책무성, 자율성 확대를 위한 역량강화 연수 | 기반조성 | ~ 학교문화 조성 | ~ 프로그램 운영 | ~ 협력체제 강화 | ~ 참여기회 확대 | 순환적, 지속적 평가 환류 및 질 관리

VI. 개요 _ 항목당 2~3개 정도 (세부 추진계획이 모두 들어가야 함)

여건 조성	평가 및 환류
• 정책연구공동체 구축(정책연구진/정책실행연구회/모니터링단/전문가 FGD(교원, 학생, 학부모, 시민단체, 교원단체 등)) • (유·초·중·고 전 학교 대상) 온라인 설문조사 및 자료 분석 • 부서별 정책 자료 수합 및 분석(협업)	• 부서 자체평가 실시(온라인 설문조사 또는 자체 모니터링단을 통한 분석/차기 연도 정책 수립에 반영) • 정책실행연구회의 평가 워크숍 • 제도 개선방안 마련(시·도의회에 조례 제정, 개정, 폐지 청구/전국시도교육감협의회 통해 교육부에 시행령 개정 요구) • ~ 성과 발표회(반성, 성찰 포함)

↓   ↑

확산	실행
• 교육전문직원 전문적학습공동체 및 워크숍 운영(발제, 발표) • 교육공동체 공청회 또는 포럼 운영(단위학교 우수사례 공유, 구성원은 선착순 또는 단위학교 추천구성) • 시범학교/중심학교/모델학교/선도학교 선정 및 운영(연구학교 X)	• 교육공동체 역량 강화 연수 • ~ 협력체계 지원망 구축(지자체, 유관 기관, 학부모, 시민단체 등)

→

VII. 세부 추진계획 _ 8~9개 (목적, 방향, 구성, 내용, 역할)

1. 정책연구공동체 구축

정책연구진	정책실행연구회	모니터링단
• 도교육청, 경기도교육연구원 연구위원 ~인 • '~~~~(주제)' 연구	• 지역교육지원청 유·초·중·고 교장, 교감, 교사 50인 • '~~'지역 네트워크	• 단위학교 교사·학생·학부모 200인 • '~~'시행

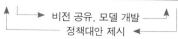
비전 공유, 모델 개발
정책대안 제시

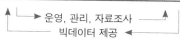
운영, 관리, 자료조사
빅데이터 제공

○ 목적 :

○ 구성 :

○ 내용 :

2. (유·초·중·고 전 학교 대상) 온라인 설문조사 및 자료 분석

○ 목적 :

○ 운영 내용 :

○ 운영 방법 :

3. 부서별 정책(평가) 자료 수합 및 분석(협업)

○ 목적 : 정책 개발(개선방안 모색) 및 부서별 협업 사항 탐색

○ 운영 내용 :

○ 운영 방법 :

4. 교육전문직원 전문적학습공동체 및 워크숍 운영

○ 목적 :

○ 운영 내용 :

○ 운영 방법 : 발제 및 발표

5. 교육공동체 공청회 또는 포럼 운영

○ 목적 : 단위학교 우수사례 공유

○ 구성 : 선착순 또는 단위학교 추천구성

○ 내용 :

6. 시범학교/중심학교/모델학교/선도학교 선정 및 운영

○ 목적 :

○ 운영 내용 :

○ 운영 방법 : 발제 및 발표

7. 교육공동체 역량 강화 연수

○ 목적 :

○ 운영 내용 :

○ 운영 방법 : 발제 및 발표

8. ~협력체계 지원망 구축 (지자체, 유관 기관, 학부모, 시민단체 등)

○ 목적 :

○ 운영 내용 :

○ 운영 방법 :

9. 부서 자체평가 실시

○ 목적 : 정책 실행 평가 및 차기 연도 정책 수립에 반영

○ 운영 내용 :

○ 운영 방법 : 온라인 설문조사 또는 자체 모니터링단을 통한 분석

10. 정책실행연구회의 평가 워크숍

○ 목적 :

○ 운영 내용 :

○ 운영 방법 : 발제 및 발표

11. 제도 개선방안 마련

○ 목적 :

○ 운영 내용 :

○ 운영 방법 : 시·도의회에 조례 제정, 개정, 폐지 청구 | 전국시도교육감협의회 통해 교
  육부에 시행령 개정 요구

12. ~ 성과 발표회

○ 목적 : 단위학교 우수사례 공유 및 실행 결과 성찰

○ 구성 :

○ 내용 :

Ⅷ. 예산

총액 :　　　　천 원　　　　　　　　　　　　　　　　(단위 : 천 원)

항목	산출기초	금액
수당		
급량비		
업무추진비		
합계		

IX. 중장기 발전 계획

2023(도입)	2024(안착, 정착)	2025(심화, 발전)
• 내용(~운영기반 확립) • 예산 15,000천 원 • 성과 목표(%)	• 내용(~운영결과 확산) • 예산 20,000천 원 • 성과 목표(%)	• 내용(~운영결과 정착) • 예산 25,000천 원 • 성과 목표(%)

X. 기대 효과

□ 구체적(방안에 따른 결과) 진술

□ 목표 그대로 진술하면 안 됨 | 목표에 제시된 종속변인이 앞으로 가져올 효과

㉝ 미래사회 ~ 역량을 갖춘 인재 육성 | ~ 역량 강화를 통한 학교 교육의 질 제고 | ~
공교육 신뢰도와 만족도 제고 | ~ 행복한 학교문화 조성 등

XI. 행정사항 _ 2~3개 정도

□ 권역별 정책 설명회(~월 ~회)

□ 단위학교 계획(~월)

□ 유관 기관 협조 – 대학 및 지자체, 인력풀, 전문가 지원, 민간기관, MOU 체결, 네트
워크, 협약 체결 등

□ ~ 정책실행연구회 공모

□ 운영우수사례보고서 제출(2023.01.20. 업무관리시스템)

〈제 목〉

Ⅰ. 추진근거 _ 위계가 있도록 구성 (큰 범위 → 작은 범위)
  □ 법령
  □ 기본 계획명, 중장기 계획 등 **예** 2023 ○○교육 기본계획
  □ 정책명 "_____"

Ⅱ. 추진배경
  □ (학생)
  □ (학교)
  □ (사회)
  예 ~의 새로운 패러다임 요구 | ~ 중심의 적극적인 지도 대책 필요성 대두 | ~ 교육(혁신)으로 학교문화 조성의 필요성 등

Ⅲ. 목적 _ 독립변인+종속변인 형식
  □ (학생) **예** 미래사회 ~ 역량을 갖춘 인재 육성 | ~ 민주시민 육성
  □ (학교 또는 교원) **예** ~ 전문성 신장을 통한 ~ 역량 강화 | ~ 학교 교육의 질 제고
  □ (학부모 및 지역사회) **예** ~ 통한 학교 교육력 제고로 공교육 신뢰도 향상 | ~ 확대를 통한 ~ 만족도 제고

Ⅳ. 실태 분석 _ 매트릭스 분석을 통한 전략 도출

주체	실태(현황) 또는 문제점	시사점
학생		
학부모		

학교		
사회		

Ⅴ. 추진방침 _ 3~4개 정도

⑩ ~ 위한 지원체제 구축 | ~ 전문성, 책무성, 자율성 확대를 위한 역량 강화 연수 | ~ 기반 조성 | ~ 학교문화 조성 | ~ 프로그램 운영 | ~ 협력체제 강화 | ~ 참여기회 확대 | 순환적, 지속적 평가 환류 및 질 관리

Ⅵ. 개요 _ 항목당 2~3개 정도 (세부 추진계획이 모두 들어가야 함)

여건 조성	평가 및 환류
• 정책지원공동체(지원단/위원회 또는 협의회 구성/지역시민 · 학부모 · 학생 위원 위촉) • 지역교육청 교육전문직원 전문적학습공동체 • 유 · 초 · 중 · 고 연계/지역화 방안 수립	• 학교별 자체평가 결과 이력화 및 공유 (온라인 설문조사/차기 연도 지원 방안 수립에 반영) • 제도 개선방안 마련(시 · 군 · 구의회에 조례 제정, 개정, 폐지 청구) • ~ 성과 발표회 (반성, 성찰 포함/권역별 학부모 교원 학생 평가 간담회 운영)

확산	실행
• 자율장학 활성화(학교장지구장학, 교감협력장학, 담임장학, 교사장학네트워크/우수사례 공유) • 교육공동체 대토론회(단위학교 우수사례 공유, 구성원은 선착순 또는 단위학교 추천구성) • 시범학교/중심학교/모델학교/선도학교 운영 지원 및 사례 공유	• 교육공동체 역량 강화(연수, 학교 안팎 전문적학습공동체) • ~협력체계 지원 서비스(지자체, 유관 기관, 학부모, 시민단체/혁신지구사업, 마을교육공동체 사업 연계/동행하는 현장지원)

Ⅶ. 세부 추진계획 _ 8~9개 (목적, 방향, 구성, 내용, 역할)

  1. 정책지원공동체 운영 (지원단/위원회 또는 협의회 구성)

  ○ 목적 :

  ○ 구성 : 지역시민 · 학부모 · 학생 위원 위촉

  ○ 내용 :

  2. 지역교육청 교육전문직원 전문적학습공동체

  ○ 목적 :

  ○ 운영 내용 :

  ○ 운영 방법 :

  3. 유 · 초 · 중 · 고 연계 방안 수립 또는 ~ 지역화 방안 수립

  ○ 목적 :

  ○ 운영 내용 :

  ○ 운영 방법 :

  4. 자율장학 활성화 (자율장학 시스템 연계)

  ○ 목적 : 우수사례 공유 및 협력 기반 조성

  ○ 운영 내용 :

  ○ 운영 방법 : 학교장지구장학, 교감협력장학, 담임장학, 교사장학네트워크

  5. 교육공동체 대토론회

  ○ 목적 : 단위학교 우수사례 공유 및 교육공동체 의견 수렴

  ○ 구성 : 구성원은 선착순 또는 단위학교 추천구성

  ○ 내용 :

6. 시범학교/중심학교/모델학교/선도학교 운영 지원 및 사례 공유

○ 목적 :

○ 운영 내용 :

○ 운영 방법 :

7. 교육공동체 역량 강화 (또는 학교 안팎 전문적학습공동체 운영)

○ 목적 :

○ 대상 :

○ 내용 :

8. ~ 협력체계 지원 서비스 (지자체, 유관 기관, 학부모, 시민단체 | 혁신지구사업, 마
   을교육공동체 사업 연계 | 동행하는 현장지원)

○ 목적 :

○ 운영 내용 :

○ 운영 방법 :

9. 학교별 자체평가 결과 이력화 및 공유

○ 목적 : 실행 결과 평가 및 차기 연도 지원 방안 수립에 반영

○ 운영 내용 :

○ 운영 방법 : 온라인 설문조사

10. 제도 개선방안 마련

○ 목적 : 실행 결과 평가 및 차기 연도 지원 방안 수립에 반영

○ 운영 내용 : ~를 위한 시 군 구의회에 조례 제정, 개정, 폐지 청구

○ 운영 방법 : 온라인 설문조사

11. ~ 성과 발표회 (반성, 성찰 포함 | 권역별 학부모 교원 학생 평가 간담회 운영)

○ 목적 :

○ 구성 :

○ 내용 :

Ⅷ. 예산

총액 :　　　천 원

(단위 : 천 원)

항목	산출기초	금액
수당		
급량비		
업무추진비		
합계		

Ⅸ. 기대 효과

□ 구체적(방안에 따른 결과) 진술

□ 목표 그대로 진술하면 안 됨 | 목표에 제시된 종속변인이 앞으로 가져올 효과

예 ~ 미래사회 핵심역량을 갖춘 인재 육성 | ~ 역량 강화를 통한 학교교육의 질 제고 | ~ 공교육의 신뢰도와 만족도 제고 | ~ 행복한 학교문화 조성 등

Ⅹ. 행정사항 _ 2~3개 정도

□ 단위학교 계획(~월) 및 홈페이지 탑재

□ 유관 기관 협조 - 대학 및 지자체, 인력풀, 전문가 지원, 민간기관, MOU 체결, 네트워크, 협약 체결 등

□ 운영우수사례보고서 제출(2023.01.20. 업무관리시스템)

※ 작성 완료 후 문제와 한 번 더 맞추면서 빠진 내용은 √하고 첨언할 것

구 분	정책논술 · 정책토의 문제
교육정책	단 한 명도 포기하지 않는 ○○교육을 위해 추진해야 할 정책을 논하시오.
교권보호	교권 존중 문화 확산을 위한 방안을 논하시오.
교권보호	교권침해 시 대처 방안을 논하시오.
교원역량강화	교원 역량 강화를 위한 교육청 지원 방안을 논하시오.
교원업무 정상화	교원업무정상화를 위한 효율적 방안을 제시하시오.
교원인사	교원 역량 중심 인사제도 구축을 위한 바람직한 방안을 제시하시오.
교육과정	교육과정 재구성 '수업-평가(기록)일체화'를 위한 교육청의 지원 방안에 대해서 논하시오.
교육과정	학생 중심 개별화 교육과정의 효율적 운영방안을 논하시오.
수업	학생 중심 수업문화 정착을 위한 교육지원청의 지원 방안을 논하시오.
수업	미래사회에 필요한 참된 학력을 논하고 참된 학력을 신장시키기 위한 방안을 논하시오.
권위주의 관행문화	권위주의 관행문화 개선방안을 논하시오.
기초학력향상	기초학력 향상 방안을 논하시오.
대학 연계	지역 대학 연계 방안을 논하시오.
마을교육 공동체	마을교육공동체의 추진배경과 향후 발전과제에 대해 논하시오.
민주시민교육	민주시민교육의 올바른 방향에 대해 논하시오.
방과후학교	방과후학교 활성화 방안을 제시하시오.
아동학대	아동학대 예방과 대처를 위한 방안을 논하시오.
인성교육	인성교육 강화 방안을 논하시오.

일반고 역량 강화	일반고 역량 강화 방안을 논하시오.
자유학기제	자유학기제 활성화를 위한 지원 방안을 논하시오.
자율장학	학교 자율 경영을 위한 교육청의 지원 방안에 대해 논하시오.
전문적 학습공동체	전문적학습공동체 활성화 지원 방안을 논하시오.
진로교육	학생진로탐색 활동을 지원하기 위한 교육청의 지원 방안을 모색하여 논하시오.
다문화교육	다문화학생 지원 방안을 제시하시오.
교육복지	교육 불평등 문제 해소방안을 제시하시오.
문화예술교육	문화예술교육 활성화 방안을 제시하시오.
특성화교육	특성화 고등학교 확대에 대한 필요성, 확대에 따른 문제점과 바람직한 운영방안을 제시하시오.
평가	수행평가 위주 성적 산출의 필요성과 효율적인 현장적용 방안을 논하시오.
평가	바람직한 차세대 평가의 방향을 제시하시오.
학교네트워크 구성	학교네트워크 구성 활성화 방안을 논하시오.
학교문화	민주적학교공동체 구성의 방안에 대해 논하시오.
학교체육	학교체육 및 학교스포츠클럽 활성화 방안을 논하시오.
학교폭력	학교폭력 예방 및 근절 방안을 논하시오.
학교혁신	학교혁신의 바람직한 방향과 효율적 운영방안을 제시하시오.
학생자치활동	학생자치활동 활성화 방안을 논하시오.
학생자치활동	자율적인 학생동아리활동 활성화 방안을 논하시오.

학업중단 숙려제	학업중단 위기학생에 대한 바람직한 지원 방안을 논하시오.
○○학교 (특색사업)	○○학교 확산 방안을 논하시오.
회복적 생활교육	회복적 생활교육에 대해 설명하고 학교 현장에 효과적으로 적용할 수 있는 방안에 대해 논하시오.
민주적 학교공동체	교사들이 참여하는 민주적 의결구조 정착을 위해서 학교에서 실천한 사례를 이야기하고 이를 어렵게 하는 장애물, 문제의 해결방안에 대하여 토의하시오.
지역사회 연계 교육	지역사회 연계 교육 운영에 따른 예상되는 문제점 진단, 이를 해결하기 위한 방안 및 활성화를 위한 대책에 대해서 교육지원청 장학사 입장에서 설명하시오.

아무것도 하지 않으면
아무 일도 일어나지 않는다

지금 이 책을 읽는 여러분이 어떤 이유로 이 책을 펼쳤는지는 모른다. 만약 장학사를 준비하는 과정 중에 있다면 단순히 '장학사가 될 수 있을까?'에 초점을 맞추기보다 '어떤 장학사가 되어서 무엇을 할 것인지'를 함께 고민했으면 좋겠다. 또 현직 장학사라면 또 다른 방식으로도 일해보며 더욱 성장하는 모습을 생각해보면 좋겠다.

이 책은 개인의 경험과 일부 연구 자료를 바탕으로 썼다. 나는 다른 장학사들보다 꽤 많은 경험을 했지만 그것을 통해 얻은 생각들이 모두 맞는 것은 아니다. 더 나은 답을 알고 있는 이도 있을 수 있다. 그러나 사실에 근거하고 과장 없이 최대한 객관적인 시선으로 쓴 글이라 장학사의 삶을 이해하는 데 도움이 될 것이라 생각한다.

아무것도 하지 않으면 아무 일도 일어나지 않는다. 현장에서 일개 장학사가 무엇을 할 수 있냐는 말을 수없이 들었지만 나는 일개 장학사도 할 수 있는 일들이 무궁무진하다고 믿는다. 장학사가 된 이유 중 하나가 교사로서 할 수 없는 일을 해보고 싶었기 때문이고, 장학사는 교사가 할 수 없는 일을 할 수 있는 능력과 권한이 있다고 생각했기 때문이다. 그래서 전례가 없었기에 못했다는 말은 하고 싶지 않았다. 장학사가 못하면 대체 누가 할 수 있단 말인가라는 질문을 끊임없이 하고 열심히 움직였다. 장학사 업무는 생각보다 단순하지 않으며 해야 할 일과 그에 따른 고민이 산적해 있다. 그래도 기회가 된다면 해볼 만하다고 말하고 싶다.

이 책에는 장학사 시험에 대한 기본적인 설명뿐 아니라 장학사 생활, 그리고 우리나라 교육 현실과 정책에 대한 이야기도 담았다. 다소 이상적인 글이라 느껴질 수도 있을 테지만, 좀 더 의식 있고 역량 있는 교사들이 장학사가 되어 활약했으면 하는 바람으로 쓴 글이니 감안하고 읽어주길 바란다.

나는 교육청에서 현실에 부딪혀 좌절하는 장학사들을 보고 참으로 많이 안타까웠다. 이것은 이래서 안 되고, 저것은 저래서 안 되는 상황이 반복되다 보니 체념하고 포기하는 것이다. 한때 교육개혁을 부르짖던 열정 넘치던 이들도 장학사가 되어 몇 번의 실패를 경험하면서 개혁에 반대하는 보수적인 모습으로 변하는 것도 보았다. 이런 선배들이 "내가 해봐서 아는데 그건 절대 안 되는 거야."라고 강하게 주장하니 후배들도 그대로 믿게 된다. 허황된 내용이 아닌 본인이 경험한 사실에 근거한 주장이라 더욱 가슴 아팠다. 그러나 나는 수십 번 실패하더라도 한 번의 성공을 위해 계속 시도하겠다는 도전정신으로 계속 도전했고, 그래서 이루어낸 과업들도 꽤 있다. 성공 경험이 있는 장학사와 그렇지 않은 장학사는 분명한 차이가 있다. 한 번 성공하면 두 번째 성공은 처음보다 어렵지 않다. 그리고 성공이 쌓이면 그 과정에서 노하우가 생긴다. 장학사가 되는 것이 전부가 아니라 장학사로서 어떻게 살아갈 것인지가 중요하다.

돌아보면 교육청에서의 시간은 참 빠르게 흘렀다. 10년 전 파견교사로 교육청에 들어갔을 때 만났던 선배 장학사들이 지금은 중임이 끝난 교장, 교육청 국장, 교육장, 부교육감이 되었다. 역량 있는 장학사로 평가되었던 분들이고 나에게는 스승 같은 존재들이다. 지금도 언제든 편하게 조언을 구할 수 있는 선배들이 있어 정책적 판단을 할 때 많은 도움이 된다. 남들보다 조금 이른 나이에 교육청에 들어와 헤매고 적응하지 못했던 시기, 나를 잡아주고 가르쳐주었던 그분들의 그 시절과 그 열정이 그립다. 장학사가 무슨 일을 하는 사람인지를 가르쳐준, 그 시절 수많은 정책을 만들며 교육의 역사를 써내려간 선배 장학사들은 세월의 흔적을 고스란히 간직한 노련한 관리자로 역할이 바뀌었다. 아직도 그들 눈에는 내가 처음 교육청에서 만난 30대 초반의 젊고 혈기 넘치는 교사와 별반 다르지 않을 것이다. 여전히 내게 많은 조언과 충고를 아끼지 않는 든든한 그분들 앞에서 아직도 나는 초보 장학사일 뿐이다.

젊은 혈기로 무장하고 무엇이든 할 수 있다는 열정으로 가득했던 내 모습도 수 년 사이에 많이 달라졌다. 아마 내가 교사로 교육청에 들어와 선배 장학사들을 처음 봤을 때 마주했던 모습이 지금 나의 모습과 비슷했을 것 같다. 고단했던 시간이 고스란히 녹아든 나에게 젊음의 싱그러움과 열정이 부럽지 않은 지혜와 노련함과 여유가 채워졌기를 소망한다. 고통 없는 성장은 없다지만 정말 힘들 때가 많았다. 장학사와 연구자, 둘 중 하나라도 놓치지 않기 위해 노력하는 것은 쉽지 않았고 지금도 여전히 적응하느라 정신이 없다. 교육 분야의 최고가 되리라는 생각은커녕 어설프게 흉내 내는 것도 어렵다. 그만큼 주변에는 훌륭한 사람이 많고 많다. 타고난 재주나 비상한 능력도 없어 더 노력해야 겨우 남들 하는 만큼 따라가는 나 자신의 한계도 잘 알고 있다. 앞서 활약한 선배들에게 누가 되진 않을까 하는 걱정과 두려움도 있다. 그리고 후배들이 더 많은 역할을 하며 교육청의 조직과 문화를 바꿔나갈 것이라 굳게 믿는다.

아직도 갈 길이 멀지만 여기까지 오는 데 많은 도움을 준 동료, 선배, 가족들이 있어 일정 부분이나마 과업을 완수할 수 있었다. 앞서서 걷거나 함께 걷고 계신 고마운 분들과 내 삶의 버팀목인 사랑하는 가족에게 깊은 감사의 마음을 전한다.

2023년 2월, 부족한 글을 마치며
홍섭근